Ausflugsziele mit Hund

Miriam Held

Impressum:

1.Auflage 2016

Miriam Held
c/o Papyrus Autoren-Club,
R.O.M. Logicware GmbH
Pettenkoferstr. 16-18
10247 Berlin

www.urlaubstipps-mit-hund.de

Herstellung und Druck: siehe Eindruck auf der letzten Seite

Covergestaltung: Miriam Held

Covermotiv vorn: Alfa auf dem Juddekirchhof, einer keltisch-römischen Kultstätte in der Vulkaneifel

Covermotiv hinten: Alfa an der Mosel unterhalb der Marienburg

Fotos: siehe Fotonachweis Seiten 77f.

Karten: Sämtliches Kartenmaterial entstammt von Openstreetmap.org und unterliegt der Lizenz http://opendatacommons.org/licenses/odbl/1.0/

ISBN-13: 978-1541014565

ISBN-10: 1541014561

Für Rückmeldungen schreiben Sie gern an: info@urlaubstipps-mit-hund.de

Vorwort

Liebe Hundefreundin, lieber Hundefreund,

vielen Dank für Ihr Interesse an meinem Buch rund um Ausflugsziele mit Hund. Seitdem unsere Hündin Alfa im Jahr 2011 bei uns eingezogen ist, haben wir alle Urlaube mit ihr zusammen verbracht. Wir sind viel in der Natur unterwegs, in Wäldern, entlang von Seen, auf Wiesen und am Meer.

Jedoch ist auf allen Reisen auch immer wieder die Frage aufgekommen, ob man die Sehenswürdigkeiten der jeweiligen Gegend auch zusammen mit seinem Hund besichtigen kann. Ich habe viel recherchiert und konnte so einige schöne Ausflugsziele in 10 der beliebtesten deutschen Urlaubsregionen zusammentragen, die ich gern mit Ihnen teilen möchte. Häufig sind Hunde auf Burgen, in Schlossparks, in Freilichtmuseen und bei Schifffahrten erlaubt.

Auf meinem Blog „Urlaubstipps mit Hund" finden Sie zusätzlich viele persönliche Erfahrungsberichte von unseren Reisen durch Deutschland und die angrenzenden Länder, Tipps für Wanderungen, hundefreundliche Unterkünfte, Ausstattungsempfehlungen und vieles mehr.

Ich wünsche Ihnen viel Freude mit diesem Buch! Über weitere Hinweise zu schönen Ausflugszielen würde ich mich sehr freuen.

Herzliche Grüße
Miriam mit Alfa

Internet: http://www.urlaubstipps-mit-hund.de

Foto 1 - Alfa

Inhalt

- *Vorwort* ... *3*
- *Allgemeine Hinweise* ... *5*
- *Mecklenburg-Vorpommern* ... *7*
- *Schleswig-Holstein* ... *16*
- *Ostfriesland* ... *23*
- *Harz* ... *29*
- *Thüringer Wald* ... *37*
- *Bayerischer Wald* ... *45*
- *Mosel* ... *52*
- *Eifel* ... *59*
- *Region Leipzig* ... *66*
- *Sächsische Schweiz* ... *71*
- *Internetseite* ... *75*
- *Anhang* ... *77*

Allgemeine Hinweise

Alle Ausflugsziele in diesem Buch habe ich mit folgenden Informationen zusammengestellt:

- ✓ Kurze Beschreibung der Sehenswürdigkeit
- ✓ Hunde erlaubt, ggf. mit Einschränkungen
- ✓ Öffnungszeiten
- ✓ Adresse
- ✓ Internetseite

Auf die Angabe der Eintrittspreise für Menschen habe ich verzichtet, da sich diese meist jährlich ändern. Falls Gebühren für Hunde verlangt werden, habe ich diese soweit bekannt vermerkt. Alle Ausflugsziele, die mit „frei zugänglich" beschrieben sind, kann man kostenfrei besuchen.

Zoos und Tierparks

Auf die Aufnahme von Zoos und Tierparks in dieses Buch habe ich bewusst verzichtet. Leider werden in etlichen dieser Einrichtungen die Tiere nicht gut gehalten. Da mir alle Tiere wichtig sind, habe ich nur zwei Bärenparks aufgelistet, in denen Bären aus ehemals schlechter Haltung aufgenommen werden und denen es nun dort besser geht.
Wenn man einen Zoo, Tierpark oder Wildpark besuchen möchte, kann man sich vorher die Bewertungen im Internet ansehen und dann entscheiden, ob man die jeweilige Einrichtung mit seinem Eintrittsgeld unterstützen möchte.

Passende Besuchszeiten für Ausflugsziele

Je nach Bekanntheitsgrad der Sehenswürdigkeit kann es zu bestimmten Zeiten recht voll und eventuell stressig für den Hund werden. Am besten ist es, Besuchszeiten zu wählen, die außerhalb der stark frequentierten Zeiten liegen. Meiner Erfahrung nach eignen sich dazu vor allem die Tagesrandzeiten, also entweder gleich morgens oder spätnachmittags/abends und ein Besuch unter der Woche.

Stress bei Hunden

Jeder Hund ist anders und nicht jeder Hund kann gleich gut mit vielen Menschen oder Artgenossen umgehen. Daher ist es wichtig als Hundehalter seinen Hund immer gut zu beobachten und bei Stressanzeichen seinen Hund aus dem Geschehen zu nehmen und ihn langsam an die Situation zu gewöhnen. Wenig frequentierte Ausflugsziele wie frei zugängliche Burgruinen sind gut geeignet, um seinen Hund besser einschätzen zu können.

Stress erkennt man unter anderem durch vermehrtes Zeigen von Beschwichtigungssignalen (Calming Signals) wie z.B. blinzeln, häufiges Gähnen, häufiges über die Nase lecken, Abwenden des Kopfes oder ganzen Körpers, schmatzen, beiläufiges Schnüffeln, geduckte Körperhaltung oder häufiges Schütteln. Es gibt aber noch sehr viel mehr Stressanzeichen beim Hund. Empfehlenswert sind unter anderem folgende Bücher: Calming Signals von Turid Rugaas, Körpersprache von Hund und Mensch von Johanna Esser oder Anti-Stress-Programm für Hunde von Sarah Fisher.

Besser Geschirr als Halsband

Glücklicherweise sieht man in den letzten Jahren immer mehr Hunde, die ein Geschirr statt eines Halsbandes tragen. Mit einem gut sitzenden Geschirr wird der auch beim Hund sehr empfindliche Halsbereich geschont, vor allem die Halswirbelsäule, aber auch Luftröhre, Kehlkopf, Schilddrüse und Arterien. Durch das Ziehen am Halsband können diese anatomischen Strukturen stark beeinträchtigt werden und es tut dem Hund häufig auch einfach weh. Gute und weiterführende Informationen findet man zum Beispiel unter: http://www.animal-learn.de/images/tipps/Brustgeschirr.pdf

Foto 2 – Alfa am See

Mecklenburg-Vorpommern

Burg Stargard 1

Die nördlichste erhaltene Höhenburg Deutschlands entstand ungefähr im 12.Jahrhundert. Erhalten sind noch 11 Backsteingebäude, unter anderem das untere Tor, die Burgkapelle, das Amtsreiterhaus und der Bergfried, von dem man einen schönen Rundblick in die mecklenburgische Umgebung hat. Außerdem gibt es einen Wurz- und Krautgarten sowie eine große Streuobstwiese an den Hanglagen der Burg.

Hunde sind an der Leine auf dem Burggelände erlaubt, in den Räumlichkeiten nicht.

- Öffnungszeiten: März bis Oktober, täglich von 10-17 Uhr:
- Adresse: Burg 1-4, 17094 Burg Stargard
- Internet: http://burg.burg-stargard.de/

Müritzeum 2

Das Müritzeum zeigt in einer interaktiven Ausstellung die Schönheiten der Mecklenburgischen Seenplatte und des Müritz-Nationalparks mit seinen besonderen Tieren, Pflanzen und seiner einzigartigen Wasserwelt. In dem weitläufigen Außengelände rund um den Herrensee mit Park und Naturlehrpfad kann man auch schön spazieren gehen.

Hunde sind an der kurzen Leine in der Ausstellung erlaubt und kosten 2 EUR.

- Öffnungszeiten: April-Oktober: täglich Montag bis Sonntag, 10-19 Uhr
  November-März: täglich Montag bis Sonntag, 10-18 Uhr
- Adresse: Zur Steinmole 1, 17192 Waren (Müritz)
- Internet: http://www.mueritzeum.de

Bärenwald Müritz 3

Foto 3 - Bärenwald Müritz

Alle Bären kommen aus vorheriger schlechter Haltung, zum Beispiel aus Zoos, Tierparks und Zirkussen. In dem 16 ha großen Freigelände finden sie nun ein tiergerechtes Zuhause mit Wald, Wiesen und Wasser. Hier können sie ihre natürlichen Instinkte wiederentdecken und Höhlen graben, im Teich baden oder Winterruhe halten. Der Bärenwald befindet sich in der Mecklenburger Seenplatte an der Südspitze des Plauer Sees.

Hunde sind an der Leine erlaubt und kosten ca.2 EUR.

- Öffnungszeiten: April bis Oktober: täglich 9-18 Uhr
  November bis März: täglich von 10-16 Uhr
- Adresse: Am Bärenwald 1, 17209 Stuer
- Internet: http://www.baerenwald-mueritz.de

Burgruine Veste Landskron 4

Die Burg Landskron entstand ca. ab 1576 im Landgrabental als Wasserburg. Die meisten erhaltenen Gebäudeteile der eindrucksvollen Ruine bestehen aus Feldsteinen und Findlingen. Zu besichtigen sind die Reste des Torhauses, des Palas, des Marstalls, der Schlosskapelle und der Umfassungsmauer. An jeder Ecke der Hauptburg befindet sich ein Turm, der südliche ist am besten erhalten. Die Ruine befindet sich mitten im Wald südlich von Janow.

Hunde sind an der Leine erlaubt.

- Öffnungszeiten: frei zugänglich
- Adresse: Veste Landskron, Ortsteil Janow, 17391 Neuendorf B
- Internet: https://de.wikipedia.org/wiki/Burg_Landskron_(Vorpommern)

Foto 4 - Burgruine Veste Landskron

Klosterruine Stolpe 5

Das ehemalige Kloster an der Peene bei Anklam wurde 1153 durch Benediktiner gegründet und war das erste Kloster Vorpommerns. Zu sehen sind noch Teile der Feldsteinmauer und Gewölbereste des Westturms der Klosterkirche St. Johannes.

Hunde sind an der Leine erlaubt.

- Öffnungszeiten: frei zugänglich
- Adresse: Dorfstraße, 17391 Stolpe bei Anklam
- Internet: https://de.wikipedia.org/wiki/Kloster_Stolpe

Alte Gutsanlage Mölschow auf Usedom 6

In dem 3,7 ha großen Schaugelände gibt es Ausstellungen zum Landleben von damals und heute mit landwirtschaftlichen Geräten wie Handpflug oder Hanomag, ein Waschhaus sowie einen Bauerngarten. Auf dem Handwerkerhof kann man alte Handwerkskunst wie Töpfern, Filzen oder Korbflechten bewundern.

Hunde sind an der Leine erlaubt.

- Öffnungszeiten: je nach Monat unterschiedlich, siehe Internetseite
- Adresse: Hauptstraße 1, 17449 Mölschow
- Internet: http://www.ostsee.de/insel-usedom/moelschow.html

Denkmal-Landschaft Peenemünde/Usedom 7

Foto 5 - Peenemünde/Usedom

Rundweg von 25 km Länge ausgehend vom Historisch-Technischen Museum Peenemünde zu den Ruinen der militärischen Vergangenheit der Heeresversuchsanstalt. An derzeit 23 Stationen wie zum Beispiel der Bunkerwarte des Peenemünder Kraftwerkes, des Flugplatzes, des Lagers Trassenheide, der Luftschutzbauten oder des Messturms kann man sich auf individuellen Rundgängen über die einzelnen Denkmäler informieren.

Hunde sind an der Leine erlaubt.

- Öffnungszeiten: frei zugänglich

- Adresse: Bahnhofstraße, 17449 Peenemünde
- Internet: http://www.peenemuende.de/das-museum/die-denkmal-landschaft/

Kreidemuseum Rügen 8

Die Ausstellung ist im Gebäude des alten Kreidewerks Gummanz auf der Halbinsel Jasmund untergebracht, in dem bis 1962 noch gearbeitet wurde. Ein Naturlehrpfad informiert auf Schautafeln über Tiere und Pflanzen der Kreidebrüche. Im Freilichtmuseum kann man die Gerätschaften des historischen Kreideabbaus besichtigen.

Hunde sind an der Leine erlaubt.

- Öffnungszeiten: 1. November bis Ostern: Dienstag bis Sonntag, 10 - 16 Uhr
  Ostern bis 31. Oktober: täglich 10 - 17 Uhr
- Adresse: Gummanz 3a, 18551 Sagard OT Neddesitz
- Internet: http://www.kreidemuseum.de

Dokumentationszentrum Prora auf Rügen 9

Foto 6 - Prora

Das Dokumentationszentrum Prora informiert über die Situation Rügens in der Zeit des Nationalsozialismus und die Bau- und Nutzungsgeschichte des 4,5 Kilometer langen Gebäudekomplexes von den Planungen in den 30er Jahren, der Zeit des 2.Weltkrieges bis hin zur Nutzung in der DDR. An Audio- und Videostationen kann man sich anhand historischer Dokumente über die nationalsozialistische Propaganda informieren.

Hunde sind an der Leine in der Ausstellung erlaubt.

- Öffnungszeiten: je nach Monat unterschiedlich, siehe Internetseite
- Adresse: Strandstraße 1, 18609 Binz (Block 3/Querriegel)
- Internet: http://www.proradok.de

Fahrt mit dem Rasenden Roland auf Rügen 10

Die Schmalspureisenbahn fährt auf 750 mm Spurweite von Putbus über Binz, Sellin und Baabe nach Göhren. Der Zug fährt zwischen 8 und 21 Uhr aller 2 Stunden, im Sommer jede Stunde.

Hunde sind an der Leine erlaubt und müssen offiziell einen Maulkorb tragen, eine ermäßigte Fahrkarte muss gekauft werden.

- Fahrplan: siehe Internetseite
- Adresse: jeweiliger Bahnhof zwischen Putbus und Göhren
- Internet: http://ruegensche-baederbahn.de

Schlossgarten Schwerin 11

Foto 7 - Schlossgarten Schwerin

Der ca. 25ha große Schlossgarten erstreckt sich vom Schweriner See und Burgsee im Norden bis hin zum Faulen See im Süden und gilt als eine der schönsten Barockanlagen Norddeutschlands. Mit Kreuzkanal, Alleen, Laubengängen, Grünhausgarten, Hippodrom, Irrgarten und Jugendtempel gibt es viel zu sehen.

Hunde sind an der Leine erlaubt.

- Öffnungszeiten: jederzeit frei zugänglich
- Adresse: Lennéstraße, 19053 Schwerin
- Internet: http://www.schwerin.com/de/sehenswuerdigkeiten/gaerten-und-parks/burg-und-schlossgarten/

Freilichtmuseum Schwerin-Mueß 12

Foto 8 - Freilichtmuseum Schwerin-Mueß

Das Gelände liegt direkt am Südufer des Schweriner Sees. Es informiert über die Lebensweise der mecklenburgischen Landbevölkerung vom 17. Jahrhundert bis zum Beginn des 20. Jahrhunderts. Die zirka 5,5 ha umfassende Museumsanlage umfasst siebzehn Gebäude wie Dorfschule, Schmiede, ein niederdeutsches Hallenhaus, alte Büdnerei sowie Gartenanlagen und Streuobstwiesen.

Hunde sind im Außengelände an der Leine erlaubt.

- Öffnungszeiten: ca. Ende März bis Ende September: Dienstag bis Sonntag 10-18 Uhr, Oktober: 10-17 Uhr
- Adresse: Alte Crivitzer Landstraße 13, 19063 Schwerin
- Internet: https://de.wikipedia.org/wiki/Freilichtmuseum_Schwerin-Mueß

Festung Dömitz am Elbufer 13

Die Festungsanlage aus Backstein am mecklenburgischen Elbufer wurde im 16.Jahrhundert in der Form eines Fünfeckes mit Bastionen und Kasematten erbaut. Auf dem Rundweg findet man unter anderem verschiedene Verteidigungsanlagen, Kellergewölbe und ausgedehnte Tunnelsysteme. Im Museum sind mehrere Ausstellungen zur regionalen Geschichte untergebracht.

Hunde sind im Außenbereich der Festung an der Leine erlaubt, im Museum nicht.

- Öffnungszeiten: Außenanlagen frei zugänglich
- Adresse: Auf der Festung 3, 19303 Dömitz
- Internet: www.festung-doemitz.de

Archäologisches Freilichtmuseum Groß Raden 14

Foto 9 – Freilichtmuseum Groß Raden

Das Freilichtmuseum befindet sich direkt am Groß Radener See in der Nähe von Sternberg. An dem altslawischen Tempelort des 9. und 10. Jahrhunderts stehen direkt auf einer vorgelagerten Halbinsel ein Burgwall sowie ein rekonstruiertes Slawendorf mit Flechtwandhütten, Tempel, Schmiede und Backöfen.

Der Parkplatz befindet sich im Dorf Groß Raden, bis zum Gelände sind es zu Fuß ca. 1.300 m.

Hunde sind an der Leine im Freigelände erlaubt, im Museumsgebäude nicht.

- Öffnungszeiten: April bis Oktober: Montag bis Sonntag 10 - 17.30 Uhr
  November bis März: Dienstag bis Sonntag 10 - 16.30 Uhr
- Adresse: Kastanienallee, 19406 Groß Raden
- Internet: http://www.freilichtmuseum-gross-raden.de/museum/

Schifffahrten

Überall in Mecklenburg-Vorpommern sind schöne Schiffstouren und Hafenrundfahrten möglich. Auf Rügen zum Beispiel entlang der Küste, vorbei an den Kreidefelsen, am Nationalpark Jasmund, zur Insel Hiddensee oder entlang der Naturschutzinsel Vilm. Von Usedom aus kann man unter anderem entlang der Seebäder, nach Rügen oder ins polnische Swinemünde fahren. Aber auch viele andere Orte an der Küste haben entsprechende Angebote.

Hunde sind meist an der Leine erlaubt und es muss eine ermäßigte Fahrkarte gekauft werden.

- Abfahrtsorte: siehe Internetseite
- Internet: http://www.ostsee.de/sehenswuerdigkeiten/fahrgastschiff-hafenrundfahrt.html

Foto 10- Ostsee Markgrafenheide

Schleswig-Holstein

Museumshof Lensahn ❶

Auf ca. 4 Hektar werden auf dem Prienfeldhof historische Landwirtschaft und altes Handwerk bis zur Hälfte des letzten Jahrhunderts gezeigt. Vieles kann angeschaut und auch ausprobiert werden, um mehr über die ursprüngliche bäuerliche Arbeit zu erfahren. Die Achtung der Natur, das Wissen über gesundes Essen und die Erhaltung einer intakten Umwelt stehen im Mittelpunkt.
Entlang eines Naturlehrpfades kann man außerdem Museumsfelder, Baumalleen mit verschiedensten Baumarten wie z.B. alten Obstsorten, Teichen, einen Barfußpfad und vieles mehr erleben.
Ein traditioneller Bauerngarten sowie ein Hildegard-von-Bingen-Garten mit über 50 verschiedenen Kräutern finden sich ebenfalls auf dem Museumshof.

Hunde sind an der Leine erlaubt.

- Öffnungszeiten: Von ca. Ende März bis Ende Oktober täglich geöffnet ab 10 Uhr
- Adresse: Prienfeldhof, Bäderstr. 18, 23738 Lensahn
- Internet: http://www.museumshof-lensahn.de/

Oldenburger Wallmuseum ❷

Das Oldenburger Wallmuseum zeigt die Geschichte der Slawen in Ostholstein auf dem Gelände der einstigen Slawensiedlung Starigard. Im kleinen

Hafen kann man neben einem slawischen Handelsschiff auch ein Schiff der Wikinger und einige Einbäume sehen. Im Außenbereich ist ein originalgetreues Dorf aufgebaut, in den Hütten der Siedlung werden verschiedene handwerkliche Berufe aus der Zeit des Frühmittelalters gezeigt.

Hunde sind an der Leine auf dem Außengelände des Museums und in der slawischen Hafensiedlung erlaubt, in den beiden Ausstellungsscheunen jedoch nicht.

- Öffnungszeiten: 24. März bis zum 31. Oktober
  Dienstag bis Sonntag in der Zeit von 10 bis 17 Uhr, im Juli und August sind zusätzlich auch alle Montage geöffnet
- Adresse: Prof.-Struve-Weg 1, 23758 Oldenburg in Holstein
- Internet: http://www.oldenburger-wallmuseum.de

Freilichtmuseum Molfsee 3

Foto 11 - Freilichtmuseum Molfsee

Im größten Freilichtmuseum Norddeutschlands (40 Hektar) mit Wiesen, Gärten, Feldern und Teichen kann man über 70 historische Gebäude, Hofanlagen, Mühlen und Ställe sehen. Möbel, Hausrat und Arbeitsgeräte geben einen Einblick in das Leben vergangener Jahrhunderte. Verschiedene Handwerker (Korbmacher, Drechsler, Kerzenzieherin, Töpferinnen, Weberinnen, Uhrmacher, Schmied) zeigen ihr Können und verkaufen teilweise ihre Arbeiten. Allerdings sind nicht alle Handwerker an allen Tagen vor Ort (siehe Internetseite). Eine Apotheke mit einem Kräutergarten gewährt Einblicke in die Geschichte der Pharmazie. Das Gelände ist sehr weitläufig, Besucher können die Museumsbahn nutzen.

Hunde sind an der Leine erlaubt.

- Öffnungszeiten: ca. April bis Ende Oktober: täglich von 9 bis 18 Uhr, letzter Einlass 17 Uhr
  ca. November bis Ende März: nur an Sonntagen von 11 bis 16 Uhr geöffnet, bei Schnee- und Eisglätte bleibt das Museum jedoch geschlossen.
- Adresse: Hamburger Landstraße 97, 24113 Molfsee
- Internet: http://www.schloss-gottorf.de/molfsee

Baumpark Arboretum Ellerhoop-Thiensen 4

Foto 12 - Arboretum Ellerhoop - Gelber Garten

Von der ca. 17,3 Hektar großen Gesamtanlage können ungefähr 7,5 Hektar mit über 4.000 verschiedenen Baumarten und Pflanzensorten besichtigt werden. Ein Besuch in der abwechslungsreichen Parkanlage lohnt sich zu jeder Jahreszeit, von der Narzissenblüte im Frühling, über die Lotusblüte auf dem Parksee im Sommer bis zur spektakulären Herbstfärbung in der Indian Summer Anlage. Weitere Themengärten sind zum Beispiel der Toskana-Garten, der japanische Garten, der Rosengarten oder der gelbe Garten mit Sonnenuhr.

Hunde sind an der Leine erlaubt.

- Öffnungszeiten: ca. Mai bis September: täglich 10:00 bis 19:00 Uhr.
  Ca. Oktober bis April: 10:00 Uhr bis Eintritt der Dunkelheit.
  Letzter Einlass eine Stunde vor der Schließung des Parks.

Vom 1. Dezember bis zum 15. Januar bleibt das Arboretum geschlossen.

- Adresse: Thiensen 4, 25373 Ellerhoop
- Internet: http://www.arboretum-ellerhoop-thiensen.de/

Schiffsfahrt von Büsum nach Helgoland 5

Foto 13 - Schiff MS „Funny Girl“

Mit dem Schiff MS „Funny Girl“ gelangt man in gut 2,5 Stunden von Büsum auf die Insel Helgoland. Es ist die schnellste Schiffsverbindung ab Büsum zur Hochseeinsel. Der Aufenthalt auf Helgoland beträgt ca. 3-4 Stunden.

Hunde sind an der Leine erlaubt und kosten ungefähr den halben Erwachsenenpreis.

- Fahrplan: Fahrten ca. zwischen Mitte April und Anfang Oktober, unterschiedliche Abfahrtszeiten, siehe Internetseite
- Adresse: Helgolandkai, 25761 Büsum
- Internet: http://www.cassen-eils.de/

Steinzeitpark Dithmarschen in Albersdorf 6

Auf dem ca. 40 Hektar großen Freigelände wird im Steinzeitpark Dithmarschen in Albersdorf der Eindruck einer Kulturlandschaft der Jungsteinzeit um 3.000 v. Chr. rekonstruiert. Mehrere gut erhaltene archäologische Denkmäler wie Großsteingräber und Grabhügel können besichtigt werden. Im Dorf werden steinzeitliche Tätigkeiten wie Bogenschießen, Brotbacken oder Feuermachen angeboten.

Hunde sind auf dem gesamten Gelände an der Leine erlaubt.

- Öffnungszeiten: April bis Oktober täglich von 11 – 17 Uhr (nur montags ist geschlossen)
- Adresse: Steinzeitpark Dithmarschen, Süderstr. 47 in 25767 Albersdorf
- Internet: http://neues.aoeza.de/

Schlosspark Husum 7

Das Schloss Husum ist von einem ca. 5 ha großen Landschaftspark mit Rasenflächen, verschiedenen Wegen und Baumgruppen umgeben. Im Frühling leuchtet im Großen Garten ein Meer aus violetten Krokusblüten von ca. 5 Millionen wilden Krokussen. Im Herbst ist der Park auch sehr schön mit seiner bunten Farbpracht.

Hunde sind an der Leine erlaubt

- Öffnungszeiten: frei zugänglich
- Adresse: König-Friedrich V. –Allee, 25813 Husum
- Internet: http://www.museumsverbund-nordfriesland.de/schloss-vor-husum/38-0-Schlossgarten.html

Grachtenschifffahrt in Friedrichstadt 8

Foto 14 - Grachten in Friedrichstadt

Etwa einstündige Fahrt durch die Grachten der Holländersiedlung Friedrichstadt mit Blick auf die altehrwürdigen Hausfassaden bis zum Hafen und der Schleuse sowie auf der Treene mit ihrer schönen umgebenden Landschaft.

Hunde sind an der Leine erlaubt und werden nur auf den Freidecks befördert.

- Fahrtzeiten: 01. April bis 31. Oktober, Abfahrt jede halbe Stunde
- Adresse: Anleger: Stapelholmer Platz, 25840 Friedrichstadt
- Internet: http://www.grachtenschiffahrt.de

Wattwanderung zur Hallig Nordstrandischmoor 9

Foto 15 - Beltringharder Koog

Geführte ca. vierstündige Wattwanderung speziell für Hundehalter zwischen dem Beltringharder Koog (Nordfriesland / nördlich von Husum) und der Hallig Nordstrandischmoor. Gemütliche Hundewanderung mit viel Wissenswertem über das Watt und den Nationalpark.

Hunde müssen während der gesamten Wanderung an der Leine geführt werden, um die Vögel im Watt zu schützen.

- Adresse: Parkplatz Lüttmoorsiel im Beltringharder Koog, genaue Anfahrtsbeschreibung bei Buchung, 25845 Nordstrand
- Internet: http://www.wattenmeerundmehr.de/angebote_mitHund.php

Schiffsfahrt von Dagebüll nach Amrum oder Föhr 10

Foto 16 - Amrum

Mit der W.D.R. Wyker Dampfschiffs-Reederei geht es in ca. 1,5 bis 2 Stunden Seefahrt nach Amrum oder innerhalb von ca. 50 Minuten durch den Nationalpark Nordfriesisches Wattenmeer, vorbei an den Halligen nach Wyk auf Föhr. Zu beiden Inseln kann man einen schönen Tagesausflug machen. Von dort aus sind auch jeweils viele weitere Ausflüge möglich.

Hunde sind an der Leine erlaubt und dürfen kostenlos mit an Bord.

Adresse: Auf der Mole, 25899 Dagebüll
Internet: http://www.faehre.de/ausfluege/

ⓘ An folgenden Ausflugszielen sind Hunde verboten (Auswahl):

- Seehundstation in Friedrichskoog
- Multimar Wattforum
- Phänomenta in Flensburg

Ostfriesland

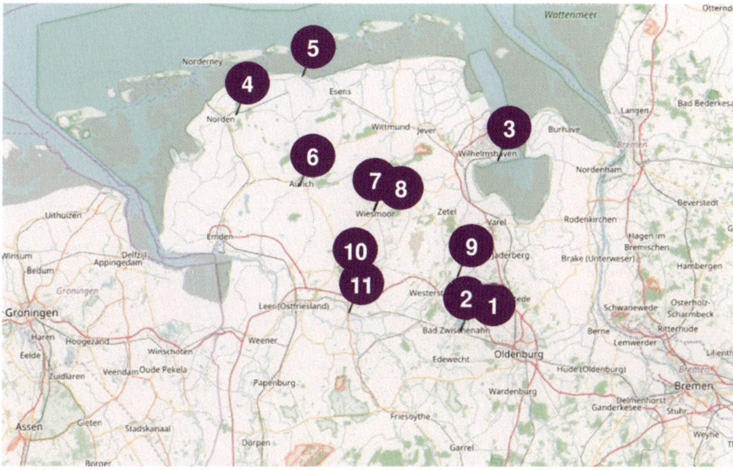

Freilichtmuseum Ammerländer Bauernhaus 1

Das Freilichtmuseum in Bad Zwischenahn besteht aus alten, reetgedeckten Häusern mit Bauerngarten, Windmühle, Schmiede und Scheunen. Insgesamt gibt es 17 Häuser und Nebengebäude zu sehen, Hauptgebäude ist das Ammerländer Bauernhaus. Ziel ist es, die bäuerliche Lebenskultur der Zeit um 1700 aufzuzeigen. Das Südufer des Zwischenahner Meeres bildet die natürliche Grenze des Geländes, auf der östlichen Seite befindet sich der zum Museum gehörende Bauernwald.

Hunde sind an der Leine erlaubt.

- Öffnungszeiten: April – Oktober: ca.11.00 - 17.00 Uhr, Details siehe Internetseite
- Adresse: Auf dem Winkel 26, 26160 Bad Zwischenahn
- Internet: http://www.ammerlaender-bauernhaus.de

Schiffsausflug auf dem Zwischenahner Meer 2

Mit den Schiffen der „Weissen Flotte“ kann man Rundfahrten und Überfahrten auf dem Zwischenahner Meer im Ammerland unternehmen. Die Rundfahrten können auch in Rostrup oder Dreibergen unterbrochen werden.

Hunde sind an der Leine erlaubt und kosten 2,50 EUR.

- Fahrtzeiten: ca. Ende März bis Ende Oktober sowie winterliche Rundfahrten von ca. Ende November bis Ende März, siehe Internetseite

- Adresse: Schiffsanleger im Kurpark, Am Hogen Hagen, 26160 Bad Zwischenahn
- Internet: http://www.weisseflottezwischenahn.de

Foto 17 - Zwischenahner Meer

UNESCO-Weltnaturerbe Wattenmeer Besucherzentrum 3

In der Ausstellung erfährt man viel Wissenswertes über den einzigartigen Lebensraum Wattenmeer. Interaktive Elemente informieren über Vögel, Salzwiesen, Wale und vieles mehr. Es gibt ein 14 Meter langes Skelett eines vor Baltrum gestrandeten Pottwals zu sehen, genauso wie einen multimedialen Sturmerlebnisraum, ein Brandungsbecken und einen Krabbenkutter.

Hunde sind an der Leine in der Ausstellung erlaubt.

- Öffnungszeiten: meist von 10-17 Uhr, je nach Monat unterschiedlich, siehe Internetseite
- Adresse: Südstrand 110 b, 26382 Wilhelmshaven
- Internet: http://www.wattenmeer-besucherzentrum.de/

Schlosspark Lütetsburg 4

Der ca. 30 ha große Schlosspark befindet sich nur 8 km südlich der Wattenmeerküste und beeindruckt besonders mit seinen wunderschönen Rhododendren, Azaleen sowie historischen Bauwerken seine Besucher. Insgesamt gibt es im größten privaten englischen Landschaftsgarten Norddeutschlands über 150 Baum- und Straucharten zu entdecken.
Mit Audioguides kann man während eines Spaziergangs durch den Park viel

Wissenswertes zur Geschichte des Schlossparks und der Besitzerfamilie sowie spannende Anekdoten erfahren.

Hunde sind an der Leine erlaubt.

- Öffnungszeiten: Mai – September: 8 – 21 Uhr
  Oktober – April: 10 – 17 Uhr
- Adresse: Landstr. 55, 26524 Lütetsburg
- Internet: http://www.schlosspark-luetetsburg.com

Ausflugsfahrten mit der MS "Freia" ab Dornumersiel 5

Die MS "Freia" ist ein Fahrgastkutter für 45 Personen. Es werden Tagesfahrten zur Nordseeinsel Langeoog angeboten. Außerdem Ausflugsfahrten in den Nationalpark Wattenmeer zu einer Seehundkolonie im Baltrumer Watt oder in Langeoog Ost. Während der Fahrt wird das Schleppnetz ausgeworfen, der Fang wird erklärt und anschließend wird alles wieder dem Wattenmeer zurückgegeben.

Hunde sind an der Leine erlaubt und kosten 5 EUR.

- Fahrtzeiten: ca. April bis Oktober, siehe Internetseite
- Adresse: Hafenstraße oder Schöpfwerkstraße, 26553 Dornumersiel
- Internet: http://www.ms-freia.de

Foto 18 - Langeoog

Schiffsausflüge mit der MS Stadt Aurich 6

Vom Auricher Hafen aus geht es durch den Ems-Jade-Kanal bis nach Emden oder Ihlow und zurück. Es gibt eine lange sechsstündige Tagesfahrt plus zwei Stunden Aufenthalt in Emden oder eine ca. zweistündige Tour durch die Schleuse "Kukelorum" bis zum Ihlower Ortsteil Bangstede und wieder zurück.

Hunde sind an der Leine erlaubt und kosten 2,50 EUR.

- Fahrtzeiten: ca. Ende März bis Ende Oktober, siehe Internetseite
- Adresse: Schiffsanleger im Auricher Hafen, Tannenbergstraße 25, 26603 Aurich
- Internet: http://www.aurich-tourismus.de

"Blumenreich" mit Blumenhalle und Gartenpark 7

Im 5 Hektar großen Gartenpark kann man viele Themengärten wie den Japanischen Garten, den Rosengarten, Azaleengärten oder den Mediterranen Garten mit ihren unterschiedlichen Gewächsen entdecken. In der Blumenhalle gibt es mehr als 10.000 Pflanzen und Gehölzer in zwei getrennten Klimazonen zu sehen, per Hörstationen kann man sich auch über die Nutzung und Pflege der Pflanzen informieren.

Hunde sind an der Leine erlaubt.

- Öffnungszeiten: Mitte März bis Mitte Oktober, Montag – Sonntag, 10.00 - 18.00 Uhr
- Adresse: Dahlienstraße 26, 26639 Wiesmoor
- Internet: http://www.wiesmoor.de

Torf- und Siedlungsmuseum 8

Foto 19 - Torf- und Siedlungsmuseum

Das Museum beschäftigt sich mit der Geschichte des Torfabbaus ab 1780 bis zur Besiedlung Wiesmoores ab 1906. Im Außengelände kann man ein Plattbodenschiff und ein Torfschiff besichtigen, außerdem Großgeräte wie Abraumbagger, Torfbagger, eine Krabbermaschine, eine Torfumsetzmaschine und Sodensammler. Es gibt zwei Kolonistenhäuser, eine Schmiede, eine Scheiderei, eine Schule von 1913, eine Scheune und ein Backhaus, wo immer am 1.Sonnabend des Monats Backwaren hergestellt werden.

In den Außenbereichen sind Hunde an der Leine erlaubt, in den Gebäuden nicht.

- Öffnungszeiten: ca. Mitte März bis Mitte Oktober, täglich von 10:00 - 18:00 Uh
- Adresse: Resedaweg 18, 26639 Wiesmoor
- Internet: http://www.torf-und-siedlungsmuseum.de

Rhododendronpark Hobbie 9

Im mit 70 ha flächengrößten Rhododendronpark Deutschlands in Linswege kann man auf einem 2,5 km langen Rundweg wunderschöne Rhododendren mit unterschiedlichsten Blütenfarben, Blatt- und Wuchsformen bewundern. Auch außerhalb der Blütezeit lohnt sich ein Besuch des Parks mit seinen verschiedenen Baumarten und Teichanlagen. In der Baumschule gibt es außerdem ein großes Sortiment an Rhododendren und Azaleen zu kaufen.

Hunde sind an der Leine erlaubt.

- Öffnungszeiten: ganzjährig, auch an Sonn- und Feiertagen von 9.30-19.00 Uhr
  Lediglich zur Blütezeit wird Eintritt erhoben (ca. Mitte April bis Mitte Juni)
- Adresse: Alpenrosenstraße 7, 26655 Westerstede (Linswege)
- Internet: http://www.hobbie-rhodo.de/

Foto 20 - Rhododendronpark Hobbie

Wasserpark Hasselt 10

Der Wasserpark direkt am Wasserwerk Hasselt bietet auf seinem Freigelände einen Überblick über die Geschichte und Technik der Wasserversorgung. Auf 7000 m² kann man sich mit Hilfe von Exponaten und Schautafeln über das Trinkwasser informieren. In dem naturnah gestalteten Gelände gibt es von historischen Brunnen bis zu einer modernen Wasseraufbereitungsanlage einiges zu sehen und zu entdecken.

Hunde sind an der Leine erlaubt.

- Öffnungszeiten: Täglich 8:00 - 19:00 Uhr (Eintritt frei)
- Adresse: Werkstraße 1, 26835 Hesel (Hasselt)
- Internet: https://www.wmuhesel.de/index.php/wasserpark.html

Burg Stickhausen 11

Die Niederungsburg liegt im Landkreis Leer direkt am Ufer der Jümme. Sie entstand ca. im Jahr 1435, von der ehemaligen Anlage ist heute nur noch der Wehrturm erhalten. Darin befindet sich ein Museum mit Kerkerzellen, der Darstellung der Wohnsituation des Gefängniswärters, der Geschichte der Burg und der einstigen hiesigen Vogelwelt.

Hunde sind an der Leine erlaubt.

- Öffnungszeiten: 1. Mai bis 30. September, Di bis Sa 14:00 - 16:00 Uhr, So und feiertags 14:00 - 18:00 Uhr
- Adresse: Burgstr. 3, 26847 Detern
- Internet: https://de.wikipedia.org/wiki/Burg_Stickhausen

An folgenden Ausflugszielen sind Hunde verboten (Auswahl):

- Moormuseum Moordorf
- Seehundstation Norddeich
- Waloseum Norddeich

Harz

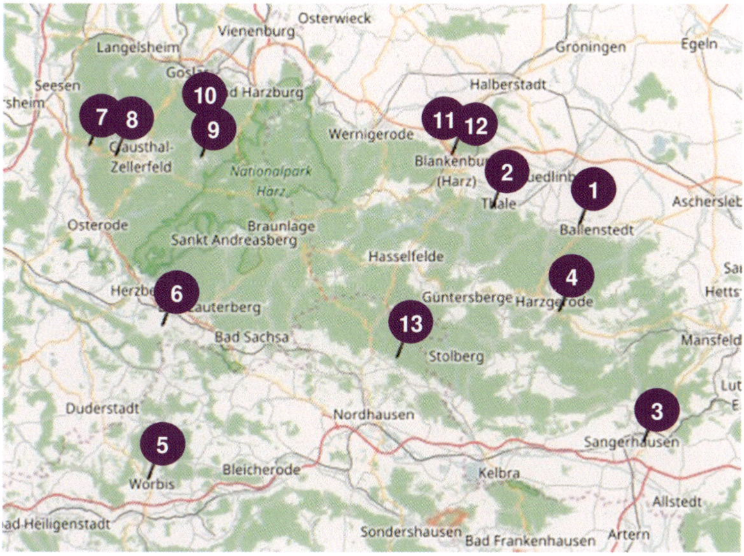

Roseburg ❶

Burganlage (erbaut 1908) zwischen Rieder und Ballenstedt im Ostharz mit Palas, Torhaus, einem Wartturm mit aufsteigendem Wehrgang, der Vorburg mit Wohnturm, verschiedenen Anbauten sowie Burghöfen. Der Schlosspark ist eine sehr schöne Gartenanlage mit einer Mischung aus frühbarocken italienischen Gärten und englischen Landschaftsgärten des frühen 19. Jahrhunderts mit einer Wasserkaskade als Hauptachse.

Hunde sind an der Leine erlaubt.

- Öffnungszeiten: Nov. - März 11.00 - 16.00 Uhr,
  April - Okt. 10.00 Uhr - 18.00 Uhr
- Adresse: Roseburg, 06493 Ballenstedt / OT Rieder
- Internet: http://www.roseburg-harz.de

Seilbahnen Thale Erlebniswelt ❷

Fahrt mit der Kabinenbahn von Thale im Bodetal in 3-6 Minuten hinauf zum Hexentanzplatz.

Hunde sind an der Leine erlaubt und werden kostenlos transportiert.

- Öffnungszeiten: Ostern bis Oktober: täglich 9.30 - 18.00 Uhr
  November bis Ostern: unterschiedliche Öffnungszeiten, siehe Internetseite
- Adresse: Parkplatz Seilbahnen: Walther-Rathenau-Str. 8, 06502 Thale
- Internet: http://www.seilbahnen-thale.de

Foto 21 - Seilbahn Thale

Europa Rosarium 3

Weltgrößte Rosensammlung in Sangerhausen im Südharz. Über 8.500 verschiedene Rosensorten und -arten auf 13 ha Gelände aus verschiedenen Zeitepochen und Ländern. Es gibt auch sehr viele Wildrosen (ebenfalls die größte Sammlung der Welt) sowie seltene Baum- und Straucharten zu bewundern.

Hunde sind an kurzer Leine erlaubt. Die Eintrittsgebühr für Hunde beträgt ca. 1,00 € (inklusive Hundetüte).

- Öffnungszeiten: je nach Monat unterschiedliche Öffnungszeiten, siehe Internetseite
- Adresse: Parkplatz: Sotterhäuser Weg, 06526 Sangerhausen
- Internet: http://europa-rosarium.de

Foto 22 - Europa Rosarium

Burg Falkenstein 4

Die hochmittelalterliche Höhenburg liegt im Unterharz an der Straße der Romanik, erbaut wurde sie zwischen 1120 und 1180. Ein Wanderweg führt von dem etwa zwei Kilometer entfernten öffentlichen Parkplatz „Gartenhaus" zur Burganlage, eine direkte Zufahrt ist nicht möglich.

Hunde sind allerdings nur im Bereich der Vorburg gestattet.

- Öffnungszeiten: April – Oktober: täglich 10:00 Uhr – 18:00 Uhr
  November – März: Dienstag – Sonntag 10:00 Uhr – 16:30 Uhr
- Adresse: Burg Falkenstein 1, OT Pansfelde, 06543 Falkenstein / Harz
- Internet: http://burgfalkensteinimharz.apps-1and1.net

Alternativer Bärenpark Worbis 5

Im südlichen Harzvorland in der Nähe von Duderstadt bekommen misshandelte Bären aus schlechter Zoo-, Zirkus- oder privater Haltung ein neues, tiergerechtes Zuhause und können nach oftmals jahrelanger Käfighaltung endlich ihre natürlichen Instinkte und Verhaltensweisen ein Stück weit wiederentdecken. In den großen bewaldeten Freianlagen können sie ausgiebig toben, baden oder eine Winterhöhle graben.
Auch Wölfe werden im Park aufgenommen. Im Didaktik-Zentrum gibt es außerdem viele Informationen über Bären, Wölfe und Luchse. Die Stiftung für Bären setzt sich gegen Wildtiere in Zirkussen ein und bietet Fachberatungen für andere Tierparks an.

Hunde sind an der Leine erlaubt.

- Öffnungszeiten: täglich geöffnet (auch an Sonn- und Feiertagen) März - Oktober: 10-18 Uhr, November - Februar: 10-16 Uhr Einlassende ist jeweils eine Stunde vorher.
- Adresse: Duderstädter Allee 49, 37339 Leinefelde-Worbis
- Internet: https://www.baer.de/projekte/alternativer-baerenpark-worbis

Foto 23 - Bärenpark Worbis

Burgruine Scharzfels 6

Ruine einer frühmittelalterlichen Befestigungsanlage, erbaut wahrscheinlich im 10.Jahrhundert, die sich auf einem Dolomitfelsen hoch über dem Ort Scharzfeld erhebt. Die Ruine ist teilweise über eine steinerne Treppe zugänglich und von oben hat man eine tolle Rundumsicht auf das südliche Harzvorland.

- Öffnungszeiten: frei zugänglich
- Adresse: Schlossbergweg, 37431 Bad Lauterberg
- Internet: http://www.burgruine-scharzfels.de/

WeltWald Harz/ Arboretum in Bad Grund 7

Bereits 1975 gegründet wachsen mitten in der Harzer Waldlandschaft über 600 Baum- und Straucharten aus Wäldern Nordamerikas, Asiens und Europas, die systematisch angepflanzt wurden. Auf ausgeschilderten Wegen mit einer Gesamtlänge von 12 km kann man zum Beispiel auf dem Mammutbaumweg, dem japanischen Blütenweg oder dem Appalachenweg die einzigartige Baumvielfalt wie den Japanischen Fächerahorn oder den Tulpenbaum kennenlernen. Ein Besuch ist zu jeder Jahreszeit lohnenswert, vor allem auch im Herbst mit seiner ganz besonderen Farbenpracht.

Hunde sind an der Leine erlaubt.

- Öffnungszeiten: Ganzjährig geöffnet und frei betretbar.
- Adresse: WeltWald Harz, 37539 Bad Grund
  Anfahrt: Auf der „B242" zwischen „Seesen" und „Clausthal-Zellerfeld" bei „Bad Grund" zum ausgeschilderten Parkplatz „Hübichenstein".
- Internet: http://www.weltwald-harz.de

Oberharzer Wasserregal 8

Foto 24 - Teiche Buntenbock

Dieses Wasserleitsystem wurde vor über 800 Jahren von Zisterziensermönchen angelegt und zwischen dem 16. und 19. Jahrhundert von Harzer Bergleuten weiter ausgebaut, um die Wasserkraft in der Region zum Abbau von Erzen nutzbar zu machen. Die Unesco-Welterbestätte "Oberharzer Wasserwirtschaft" als Meisterwerk früherer Bergbau- und Ingenieurskunst umfasst 107 historische Teiche, Gräben mit einer Gesamtlänge von 310 km und unterirdische Wasserläufe mit einer Gesamtlänge von 31 km. Die meisten erhaltenen Anlagen befinden sich bei Clausthal-Zellerfeld. Dort gibt es auch 22 „WasserWanderWege" mit zahlreichen Informationstafeln auf insgesamt fast 113 km Länge zu entdecken. Die Wege führen entlang der Gräben und Teichketten der Harzwasserwerke, alte Radstuben und Stollenmundlöcher sind zu sehen.

- Öffnungszeiten: Frei zugänglich

- Adresse: B241, 38678 Clausthal-Zellerfeld (Beginn des WasserWanderWeges „Zellerfelder Kunstgraben“)
- Internet: http://oberharzerwasserregal.com

Kräuterpark Altenau 9

Im größten Kräuterpark Deutschlands kann man viel über einheimische und exotische Kräuter und Gewürze erfahren. Auf Infotafeln entlang der Wege werden die verschiedenen Heilkräfte und Verwendungsmöglichkeiten der Kräuter erklärt. Probieren ist auch erlaubt. In der Gewürzgalerie werden über 350 Gewürzmischungen selbst hergestellt, außerdem auch Teemischungen, Räucherwerk, Gewürz-Öle und vieles mehr.

Hunde sind an der Leine erlaubt.

- Öffnungszeiten: Täglich von 10 bis 17 Uhr geöffnet, auch im Winter inkl. Ladengeschäft
- Adresse: Schultal 11, 38707 Altenau
- Internet: http://www.kraeuterpark-altenau.de

Rundfahrt auf dem Okerstausee 10

Foto 25 - Okerstausee

Mit der MS Aquamarin kann man ca. 1,5 Stunden auf dem Okerstausee verbringen und dabei fünf Anleger passieren. Der Hauptanleger ist an der Weißwasserbrücke, auch Teilstrecken zu den Anlegern Hauptsperrmauer,

Schulenberg und Vorsperrmauer sind möglich. Das Schiff hat zwei Decks und 250 Sitzplätze.

Hunde sind erlaubt und kosten auf allen Strecken 1 EUR.

- Fahrplan: unterschiedliche Abfahrtszeiten, siehe Internetseite
- Adresse: Anfahrt und Anlegerstellen - siehe Internetseite
- Internet: http://www.okersee.de

Burg Regenstein 11

Foto 26 - Burg Regenstein

Die Burg und Festung Regenstein (erstmals erwähnt 1169) befindet sich bei Blankenburg im nördlichen Harzvorland auf einem Felssporn aus Sandstein. Von der mittelalterlichen Felsenburg sind nur noch Ruinen vorhanden: Teile des Bergfrieds sowie 32 Räume und Gräben, die in den Fels eingearbeitet wurden. Von der Burg bietet sich ein großartiger Ausblick auf das Harzvorland. In dem Freilichtmuseum gibt es in einigen Felskasematten Funde aus der Burgen- und Festungszeit des Regensteins zu besichtigen. Ab und zu finden auf der Burg auch verschiedene Veranstaltungen statt.
In der Umgebung am südwestlichen Fuße des Regensteins lohnt sich auch die Besichtigung der Regensteinmühle, einer teilrekonstruierten mittelalterlichen Wassermühlenanlage.

Hunde sind an der Leine erlaubt.

- Öffnungszeiten: April bis Oktober: täglich von 10.00 bis 18.00 Uhr
  November bis März mittwochs bis sonntags von 10.00 bis 16.00 Uhr
  Einlassschluss: 30 Minuten vor Schließzeit
  (bei schlechter Witterung geschlossen)
- Adresse: Am Platenberg, 38889 Blankenburg (Harz)

Internet: http://www.blankenburg-tourismus.de/de/burg-festung-regenstein.html

Barocke Schlossgärten Blankenburg 12

Gartenensemble mit rund 107 ha (entstanden ca. 1668) zwischen Großem und Kleinem Schloss mit beeindruckendem Terrassengarten, Berggarten mit Teehaus und Prinzessinnenturm, Orangerieplatz, Fasanengarten und großem Schlosspark mit Schlossteich. Vom Berggarten bietet sich ein schöner Blick auf die Stadt Blankenburg (Harz) und das Harzvorland.

Hunde sind an der Leine erlaubt.

- Öffnungszeiten: großer Schlosspark: ganzjährig frei zugänglich Terrassengarten, Berggarten und Fasanengarten: April bis September 9 bis 21 Uhr; Oktober bis März 10 bis 17 Uhr
- Adresse: Schnappelberg 6, 38889 Blankenburg (Harz)
- Internet: http://www.blankenburg-tourismus.de/de/barocke-schlossgaerten.html

Burgruine Hohnstein 13

Foto 27 - Burgruine Hohnstein

Die ab ca. 1120 erbaute Burg ist heute eine der größten und imposantesten mittelalterlichen Burgruinen im Harzgebiet. Sie befindet sich auf einem Porphyrfelsen oberhalb von Neustadt am Südrand des Harzes. Reste der Oberburg, des Burghofes, verschiedene Burgtore, Palas sowie zahlreiche Burgmauern können besichtigt werden. Vom Bergfried aus kann man eine herrliche Aussicht auf den Ort Neustadt, weite Teile des südlichen Harzvorlandes bis hin zum Kyffhäuser genießen.

- Öffnungszeiten: frei zugänglich
- Adresse: Burgruine Hohnstein, 99762 Neustadt / Harz
- Internet: http://burghohnstein.de (Burggasthof)

Thüringer Wald

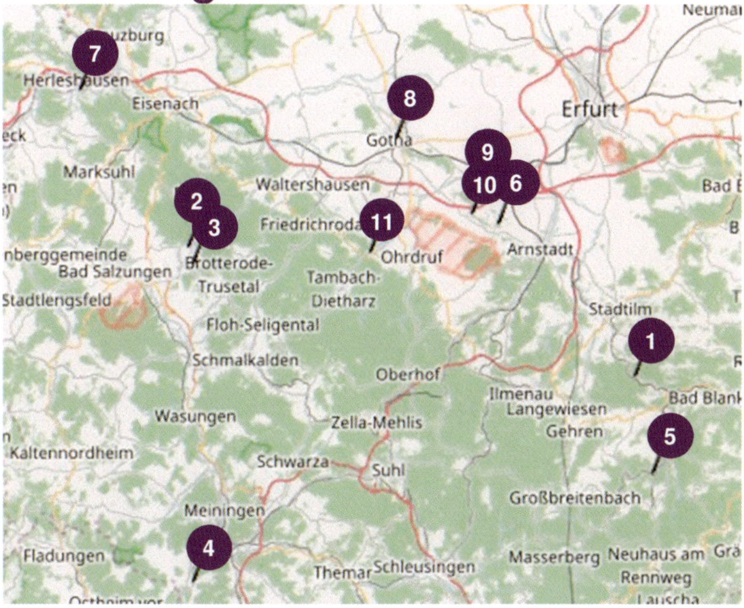

Klosterruine Paulinzella im Rottenbachtal 1

Die Klosteranlage liegt unweit von Bad Blankenburg am Fuße des Thüringer Waldes und ist eine der bedeutendsten romanischen Bauwerke Deutschlands. Das ehemalige Benediktinerkloster wurde zwischen 1102 und 1105 durch die Adelige Paulina gegründet. Neben der beeindruckenden Kirchenruine befinden sich dort ebenfalls das einstige Klausurgebäude und historische Grabmale sowie das im Renaissancestil errichtete und heute als Museum genutzte Jagdschloss der Grafen von Schwarzburg. In den Ruinen der Klosterkirche finden im Sommer auch Konzerte statt.

Hunde sind an der Leine erlaubt.

- Öffnungszeiten: Klosterruine täglich frei zugänglich
- Adresse: Paulinzella 3, 07422 Rottenbach
- Internet: https://de.wikipedia.org/wiki/Kloster_Paulinzella

Schloss-und Landschaftspark Altenstein in Bad Liebenstein 2

Der Park wurde bereits vor ca. 200 Jahren angelegt. Das Schöne ist, dass in die Gartenarchitektur die natürlichen Landschaftsgegebenheiten mit einbezogen wurden. Das sind zum Beispiel die Felsen des Altensteiner Zechsteinriffes, die durch eingehauene Treppen begehbare Aussichtspunkte geworden sind oder verschieden große Höhlen wie die Altensteiner Höhle. Auf den insgesamt ca. 20 km langen Parkwegen gibt es viel zu sehen: Blumenkorbfelsen und Rotunde, Ritterkapelle, Teufelsbrücke, Herzogsgrab, Chinesisches Häuschen, Morgentor und Luisenthaler Wasserfall. Außerdem kann man häufig eine herrliche Aussicht in das Werratal bis hin zu den Bergen der Thüringer Rhön genießen.

Hunde sind an der Leine erlaubt.

- Öffnungszeiten: Park ist frei zugänglich
- Adresse: Schloss und Park Altenstein, Altenstein 4, 36448 Bad Liebenstein
- Internet: http://nothnfr.de/landschaftspark

Foto 28 - Chinesisches Häuschen

Burgruine Bad Liebenstein 3

Burganlage einer Höhenburg aus dem 14. Jahrhundert. Die Burgruine besteht aus Palas und Umfassungsmauern sowie einem Aussichtsturm und liegt ca. 1,5 km von Bad Liebenstein entfernt auf dem Burgberg. Zu erreichen ist sie nur über Wanderwege. Man hat einen tollen Ausblick auf das Werratal bis hin zu den Bergen der Rhön.

- Öffnungszeiten: Mai-September: täglich (bei guter Sicht) von 10-18 Uhr Oktober-April: Sa-So und an Feiertagen 10-18 Uhr (bei guter Sicht nach Voranmeldung, als äußeres Zeichen der Öffnung ist die Fahne gehisst)
- Adresse: Burgruine Liebenstein, 36448 Bad Liebenstein
- Internet: http://bad-liebenstein.de/burgruine.html

Burgruine Henneberg 4

Henneberg liegt in Südthüringen unmittelbar an der Grenze zu Unterfranken. Die Burgruine östlich des Ortes befindet sich auf 510 m ü. NN auf dem so genannten Schlossberg. Erhalten sind ein Großteil der Ringmauer mit Palas, Kemenate, ein Teil eines Wohn- und Wirtschaftsgebäudes, eine Zisterne, ein neuzeitlicher Rundturm und ein Bergfried, von dem man eine schöne Fernsicht auf Thüringer Wald und Rhön hat.
Zu DDR-Zeiten lag das Areal der Burgruine nur ca. zwei Kilometer von der Mauer entfernt und damit im allgemein unzugänglichen Sperrgebiet. Vom Bergfried aus wurde der damalige Grenzübergang Eußenhausen–Meiningen überwacht.
Die Ruine erreicht man nur zu Fuß, der Aufstieg erfolgt auf einem steilen Feld- und Waldweg in ca. 15 Minuten vom Ort aus.

Hunde sind an der Leine erlaubt.

- Öffnungszeiten: täglich frei zugänglich
- Adresse: Schlossberg, 98617 Henneberg
- Internet: https://de.wikipedia.org/wiki/Burgruine_Henneberg

Foto 29 - Burgruine Henneberg

Oberweißbacher Berg- und Schwarzatalbahn 5

Die Bahn fährt insgesamt auf 3 Strecken: die Schwarzatalbahn fährt von Rottenbach bis Katzhütte, die Bergbahn als denkmalgeschützte, 1,4 km lange Standseilbahn von Obstfelderschmiede zur Bergstation nach Lichtenhain und von dort weiter auf einer Flachstrecke nach Oberweißbach und Cursdorf. An der Bergstation wurde ein Walderlebnispfad eingerichtet.

Hunde sind an der Leine erlaubt und kosten 50% des Fahrpreises.

- Fahrplan: siehe Internetseite
- Adresse: An der Bergbahn 1, 98746 Mellenbach-Glasbach
- Internet: http://www.oberweissbacher-bergbahn.com

Foto 30 - Oberweißbacher Bergbahn

Veste Wachsenburg 6

Die Veste Wachsenburg gehört mit zu dem Burgensemble der Drei Gleichen. Sie befindet auf 420m ü. NN und entstand bereits im 10.Jahrhundert. Im Kern ist die Burg ca. 50 x 50 m groß, die Anlage ist in sich geschlossen und wird von dem Hohenloheturm dominiert. Erhalten ist die Vorburg mit Pulverturm, einem Wehrturm, einem Holzkletterturm sowie Wirtschaftsgebäuden. Durch das Tor der Oberburg gelangt man in den gepflasterten Burghof, wo man wie auch im Burgverlies etwas essen kann. Übernachtungen sind ebenfalls auf der Wachsenburg möglich. Die Burg bietet den Besuchern einen tollen Rundblick über das Thüringer Becken. Die Hänge des

Wachsenburg-Hügels sind ein Naturschutzgebiet mit seltenen Pflanzen und Tieren wie der Zauneidechse.

Hunde sind an der Leine erlaubt.

- Öffnungszeiten: Mittwoch bis Samstag von 11:00 Uhr bis 20:00Uhr Sonntag von 11:00 Uhr bis 16:00 Uhr
- Adresse: Veste Wachsenburg 91, 99310 Wachsenburggemeinde
- Internet: http://www.wachsenburg.com

Burgruine Brandenburg in Lauchröden 7

Foto 31 - Burgruine Brandenburg

Die Brandenburg ist eine Doppelburg bestehend aus einer Sporn- und einer Gipfelburg und befindet sich auf einem der Vorberge des Thüringer Waldes im mittleren Werratal. Sie entstand um das Jahr 1200, heute sind noch zwei Bergfriede, ein Wohnturm, 2 Keller und die Ringmauern der weitläufigen Burganlage erhalten. Von der Aussichtsplattform kann man einen herrlichen Blick ins Werratal genießen. Durch die jahrzehntelange Isolation der Burganlage aufgrund der Lage im ehemaligen Sperrgebiet der DDR haben sich rund um die Burg auch Biotope mit Naturschutzstatus entwickelt.

Hunde sind an der Leine erlaubt.

- Öffnungszeiten: frei zugänglich
- Adresse: 99834 Gerstungen OT Lauchröden, Zufahrt abzweigend von der Straße Am Rasenweg
- Internet: http://www.die-brandenburg.de

Schlosspark Friedenstein in Gotha 8

Foto 32 - Schlosspark Friedenstein Orangerie

Rund um das Schloss Friedenstein in Gotha erstrecken sich drei schöne Gartenanlagen, die einen Besuch lohnen. Es gibt eine englische Parklandschaft mit Seen, Merkurtempel und Pavillons, schönen Wegen und altem Baumbestand. In der barocken Gartenanlage beeindrucken mehrere Orangeriebauten aus dem 18.Jahrhundert und hübsch anlegte Blumenbeete sowie eine Brunnenanlage.
Die dritte Gartenanlage erstreckt sich südlich am Herzoglichen Museum mit dem Tannengarten, einer großen Nadelgehölzsammlung aus dem 19.Jahrhundert mit 170 Exemplaren von vierzig verschiedenen Nadelgehölzarten.

Hunde sind an der Leine erlaubt.

- Öffnungszeiten: täglich frei zugänglich
- Adresse: Schloss Friedenstein, Parkallee 15, 99867 Gotha
- Internet: http://www.stiftungfriedenstein.de/schlosspark

Burgruine Gleichen in Wandersleben 9

Die mittelalterliche Burgruine aus dem 11.Jahrhundert erreicht man vom Parkplatz unterhalb des Burgbergs über einen gut zu laufenden, stets ansteigenden Wanderweg mit verschiedenen Naturschutzhinweisen auf besondere Pflanzen und Landschaftsformen. Zusammen mit der Mühlburg und der Veste Wachsenburg bildet sie das Burgenensemble der Drei Gleichen.

Erhalten sind die Ringmauer, das Torhaus, Reste des romanischen Palas, Teile des Küchengebäudes sowie weitere Nebengebäude. Vom Bergfried aus hat man einen weiten Ausblick über die umgebende Landschaft bis hin zum Kamm des Thüringer Waldes sowie auf die zwei anderen Burgen auf der anderen Seite der Autobahn A4 zwischen Erfurt und Gotha. Teile des Bergfrieds werden auch als Museum genutzt.

Hunde sind an der Leine erlaubt.

- Öffnungszeiten: Apr-Okt Mo-So 10 – 18 Uhr
- Adresse: Burg Gleichen, 99869 Drei Gleichen/ Wandersleben
- Internet: https://de.wikipedia.org/wiki/Burg_Gleichen

Foto 33 - Burgruine Gleichen

Mühlburg in Mühlberg 10

Die Mühlburg gehört mit zu dem Burgensemble der Drei Gleichen. Ein Fußweg führt den steilen Hang bis auf 375m ü. NN hinauf. Die Mühlburg gehört zu den ältesten Bauwerken in Thüringen und wurde bereits 704 erwähnt. Reste der Zwingermauer, des Torhauses, der Ringmauer und die Mauer der Kernburg sind erhalten. Vom 22m hohen Bergfried hat man einen weiten Ausblick zu den anderen beiden Burgen sowie bis in das Thüringer Becken. Auf dem Burggelände befindet sich zudem ein Heimatmuseum über Töpferei und Hausrat aus dem Mittelalter.

Hunde sind an der Leine erlaubt.

- Öffnungszeiten: März bis Oktober Mo-Fr. 10 bis 17 Uhr, Sa/So 10 bis 18 Uhr
- Adresse: Mühlburg, 99869 Drei Gleichen OT Mühlberg
- Internet: https://de.wikipedia.org/wiki/Mühlburg_(Burg)

Klosterruine Georgenthal 11

Foto 34 - Klosterruine Georgenthal

In Georgenthal kann man die Ruinen des ehemaligen Zisterzienserklosters besichtigen. Im 16.Jahrhundert wurde es fast vollständig zerstört. Die Grundmauern wurden später von Mitte des 19.Jahrhunderts bis 1906 wieder ausgegraben. Von der Anlage sind noch einige interessante Reste erhalten. Direkt daneben befindet sich auch das gut erhaltene Kornhaus mit anschließendem Kurpark.

Hunde sind an der Leine erlaubt.

- Öffnungszeiten: täglich frei zugänglich
- Adresse: Am Finkenberg 8, 99887 Georgenthal
- Internet: https://de.wikipedia.org/wiki/Kloster_Georgenthal

An folgenden Ausflugszielen sind Hunde verboten (Auswahl):

- Wartburg in Eisenach
- Saalfelder Feengrotten
- Rennsteiggarten Oberhof
- Haus der Natur Goldisthal

Bayerischer Wald

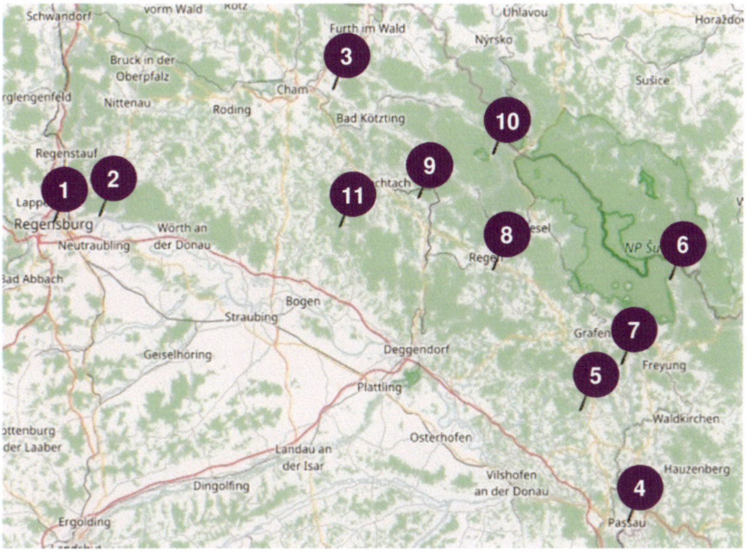

Schifffahrt in Regensburg ❶

Es werden verschiedene Linienfahrten angeboten z.B. Stadtrundfahrt, Fahrt durch das schöne Donautal bis Kelheim oder nach Bach/Donau zum kleinsten Weinanbaugebiet Deutschlands.

Hunde sind an der Leine erlaubt.

- Fahrtzeiten: siehe Internetseite
- Adresse: Schifffahrt Klinger, Thundorfer Str., 93047 Regensburg
- Internet: https://schifffahrtklinger.de

Burgruine Donaustauf ❷

Die um 914 entstandene Höhenburg liegt auf einem 424 m ü. NN hohen Bergvorsprung über der Donau. Vom gleichnamigen Ort aus führt ein ausgeschilderter Weg den Burghügel hinauf. Die Anlage ist sehr weitläufig, zu sehen sind noch Teile der Ringmauer, des Palas, des Geschützturms, mehrere Tore und Reste der Kapelle im Obergeschoss des inneren Torturms. In der Vorburg gibt es einen kleinen Friedhof, daneben befinden sich auch wenige Parkplätze. Von der Burgruine hat man einen tollen Blick über das Donautal bis nach Regensburg.

Hunde sind an der Leine erlaubt.

- Öffnungszeiten: täglich frei zugänglich, wird allerdings abends verschlossen
- Adresse: Prüllstraße 16A, 93093 Donaustauf
- Internet: https://de.wikipedia.org/wiki/Burgruine_Donaustauf

Burgruine Runding 3

Die Ruinen einer der einstmals größten Burganlagen des Bayerischen Waldes mit einer überbauten Gesamtfläche von ca. 18.000 qm liegt auf einem Bergkegel oberhalb von Runding östlich von Cham. Die Burgmauer ist knapp 400 m lang. Weite Teile der Ruine wurden bis heute freigelegt, zu sehen sind Reste des Palas und der Toranlagen, vom Brunnenhaus, einer Schmiede, von Halbschalentürmen und des Bergfrieds sowie von Wirtschaftsbauten. Ein Geschichtslehrpfad informiert über die Vergangenheit der Burg Runding. Von der Burgruine hat man eine tolle Aussicht über die umliegende Landschaft.

Hunde sind an der Leine erlaubt.

- Öffnungszeiten: täglich frei zugänglich
- Adresse: Burgweg 1, 93486 Runding
- Internet: http://www.burg-runding.de/

Foto 35 - Burgruine Runding

Schifffahrt in Passau 4

"Dreiflüsse"-Stadtrundfahrt in Passau, wo Donau, Inn und Ilz zusammenfließen. Von Bord des Schiffes aus kann man währen der 45minütigen Fahrt den Blick auf die historische Innenstadt mit ihren zahlreichen Sehenswürdigkeiten genießen.

Hunde sind an der Leine erlaubt.

- Fahrtzeiten: siehe Internetseite
- Adresse: Wurm & Köck, Anlegestelle 11 in der Fritz-Schäffer-Promenade, 94032 Passau
- Internet: http://www.donauschiffahrt.de

Foto 36 - Passau

Museumsdorf Bayerischer Wald 5

Im Museumsdorf am Dreiburgensee im Passauer Land findet man über 100 Objekte bäuerlicher Anwesen, darunter alte Bauernhöfe aus dem 17. bis 19. Jahrhundert, schöne Bauerngärten, einige Tiere, alte Kapellen und Mühlen. Verschiedenen Ausstellungen, Geräte und eingerichtete Bauernstuben zeigen das damalige Leben von Kleinbauern, Tagelöhnern und Großbauern. Fast täglich gibt es Handwerksvorführungen, zum Beispiel wird getöpfert, Wolle gesponnen, Stoff bedruckt oder es werden Krapfen gebacken.

Hunde sind an der Leine erlaubt.

- Öffnungszeiten: ca. Mitte April bis Ende Oktober: täglich von 10.00 - 18.00 Uhr
  Im ganzen Winter sind herrliche Spaziergänge durch das Museumsdorf möglich (Zugang über das Drehkreuz am Museumseingang mit geringerem Eintrittspreis). Einlass täglich von 9.00 - 16.00 Uhr. Häuser, Ausstellungen und Gastronomie sind im Winter geschlossen.
- Adresse: Rothaumühle 1, 94104 Tittling
- Internet: http://www.museumsdorf.com

Freilichtmuseum Finsterau 6

Foto 37 - Freilichtmuseum Finsterau

Aus dem ganzen Bayerischen Wald sind Bauernhäuser und vollständige Höfe in das Freilichtmuseum Finsterau gekommen. Eine Dorfschmiede, eine Kapelle, ein Straßenwirtshaus sowie Bauerngärten können ebenfalls besichtigt werden. In den Bauernstuben findet man viele Dinge und Möbel, mit denen Menschen früher gelebt und gearbeitet haben. Zusätzlich gibt es verschiedene Handwerksvorführungen, ein paar Tiere, Gastronomie und im Verkaufsladen Kräuterey kann man Produkte aus heimischen Wildfrüchten und Kräutern erwerben.
Das Museum liegt dicht an der böhmischen Grenze, schöne Wanderwege führen von dort direkt in den Böhmerwald und auf die Berge des Nationalparks.

Hunde sind an der Leine erlaubt.

Öffnungszeiten: 25. Dezember bis April:11:00 - 16:00 Uhr
Mai bis September: 09:00 - 18:00 Uhr
Oktober: 09:00 - 17:00 Uhr
Adresse: Museumsstraße 51, 94151 Finsterau
Internet: http://www.freilichtmuseum.de/museum-finsterau

Gabreta - Das Keltendorf im Bayerischen Wald 7

Keltendorf mit nachgebauten Häusern in alter Technik in Block- und Flechtbauweise und mit verschiedenen Dachkonstruktionen. Es gibt einen Kräutergarten mit Heilkräutern und Färbepflanzen, Getreideanbau mit alten Sorten, rückgezüchtete Haustierrassen und Grabhügel. Bei verschiedenen Aktionen wie Brotbacken, Schmieden oder Filzen kann man nacherleben wie der Alltag der Kelten in der vorrömischen Eisenzeit aussah. Mit einem Audioguide kann man individuell viel Wissenswertes erfahren.

Hunde sind an der Leine erlaubt.

- Öffnungszeiten: ca. April bis Anfang November: Dienstag bis Sonntag und an bayrischen Feiertagen von 10:00 bis 18:00 Uhr
  ca. Mitte Dezember bis April: Donnerstag bis Sonntag von 11:00 bis 17:00 Uhr (witterungsabhängig, siehe Internetseite)
- Adresse: Lichtenau 1a, 94160 Ringelai
- Internet: http://keltendorf.com

Gläserner Wald in Regen 8

Foto 38 - Gläserner Wald

Die Stadt Regen liegt direkt in der Glasregion im Bayerischen Wald. In dem 2.000 m² großen Garten sind verschiedene Bäume zu sehen, kunstvoll gefertigt aus buntem Flachglas. Die Buchen, Kiefern, Tannen, Fichten und Espen können dank der angebrachten Bodenfluter auch nach Sonnenuntergang besichtigt werden. Direkt nebenan liegt auch die berühmte Burgruine Weißenstein.

Hunde sind an der Leine erlaubt.

- Öffnungszeiten: ganzjährig geöffnet
- Adresse: Gläserner Wald, 94209 Regen

Internet: http://glaeserner-wald.de/

Burgruine Altnußberg bei Geiersthal 9

Die Burg Altnußberg wurde im 12.Jahrhundert erbaut und ist die größte Burganlage des Bayerischen Waldes. Zu sehen sind die Grundmauern der gesamten Burganlage mit einer 1,5 Meter starken Ringmauer sowie die Ruinen von Bastionen und Wohnbauten sowie Burgkapelle und Zisterne. Vom 22 Meter hohen Bergfried kann man eine tolle Aussicht über das umliegende Land und den Bayerischen Wald genießen. Die Burgschänke mit Biergarten ist von Ostern bis Ende Oktober geöffnet. Vom Parkplatz im Ort Altnussberg führt ein ca. 1,5 km langer Wanderweg hoch zur Burg.

Hunde sind an der Leine erlaubt.

- Öffnungszeiten: Die Burganlage selber ist frei zugänglich. Der Bergfried kostet ein Eintrittsgeld.
- Adresse: Auf dem Schloßberg 2, 94244 Geiersthal
- Internet: http://www.burgruine-altnussberg.de

Arber Bergbahn 10

Foto 39 - Arber Bergbahn

Mit der Sechser-Gondelbahn kann man zum Gipfel des Großen Arbers auf 1.456 Meter hochfahren und den tollen Rundblick über den Nationalpark Bayerischer Wald und den Böhmerwald in Tschechien genießen. Von der Bergstation ist ein schöner ca. einstündiger Rundwanderweg rund um das Gipfelplateau erschlossen. Auf Informationstafeln kann man Wissenswertes zu Flora und Fauna des Großen Arbers nachlesen.

Hunde sind an der Leine erlaubt.

- Öffnungszeiten: Sommer 09:00 Uhr bis 16:30 Uhr, Winter ab 08:30 Uhr
- Adresse: Talstation, Arberweg 1, 94252 Bayerisch Eisenstein
- Internet: https://www.arber.de/skigebiet/bergbahnen.html?T=0

WaldWipfelWeg in Maibrunn bei Sankt Englmar 11

In luftiger Höhe kann man über den Wipfeln der Bäume (barrierefrei, bis zu 30 m hoch) auf einem 2,50m breiten Pfad aus Lärchenholz entlanglaufen. Eine Aussichtsplattform bietet einen beeindruckenden Fernblick über die Höhenzüge des Bayerischen Waldes, das Donautal und die Ebenen des Gäubodens bis in die Alpen.
Außerdem gibt es einen 2km langen Naturerlebnispfad mit vielen Informationen und zahlreichen Mitmach-Stationen sowie einen Pfad der optischen Phänomene. Im Haus am Kopf, das völlig auf dem Kopf bzw. auf dem Dach steht mit komplett verdrehter Einrichtung, wird man selbst Teil der optischen Täuschungen.

Hunde sind an der Leine erlaubt.

- Öffnungszeiten: April bis Oktober: 09:00 - 19:00 Uhr
  November bis März: 09:00 - 16:00 Uhr
- Adresse: Maibrunn 2a, 94379 Sankt Englmar – Maibrunn
- Internet: http://www.waldwipfelweg.de

ⓘ An folgenden Ausflugszielen sind Hunde verboten (Auswahl):

- Baumwipfelpfad im Bayerischen Wald in Neuschönau
- Walhalla in Donaustauf

Foto 40 - Alfa am Großen Arbersee

Mosel

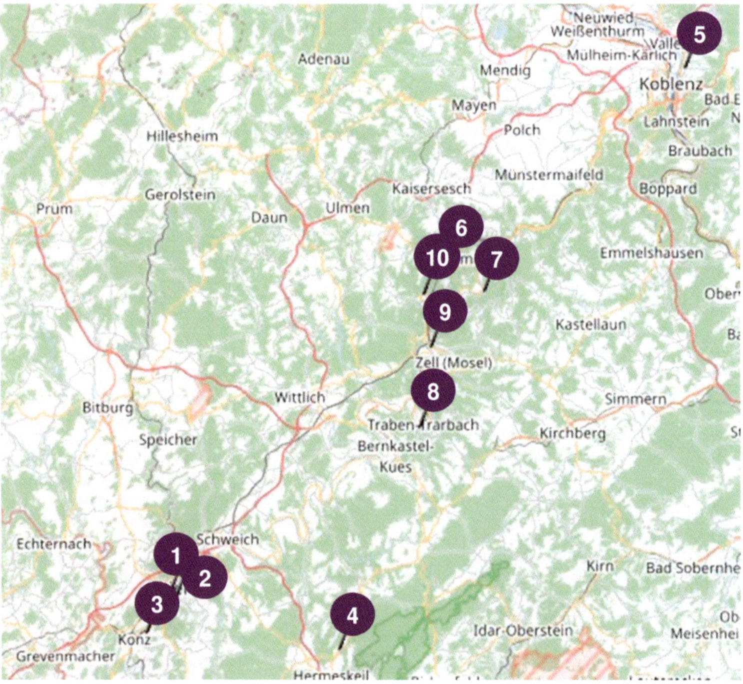

Kaiserthermen in Trier ❶

Die Kaiserthermen wurden zu Anfang des 4. Jahrhunderts begonnen zu erbauen und waren eine der größten römischen Badeanlagen. Heute kann man die mächtigen Ruinen mit ihren teilweise bis zu 19 Meter hohen Mauern und die unterirdischen Gänge in den Katakomben besichtigen. Seit 1986 zählen die Kaiserthermen zum UNESCO-Weltkulturerbe.

Hunde sind an der Leine erlaubt.

- Öffnungszeiten: 9 – 16 Uhr/17 Uhr/18 Uhr, je nach Monat unterschiedlich, siehe Internetseite
- Adresse: Weberbach 41, 54290 Trier
- Internet: http://www.zentrum-der-antike.de/monumente/kaiserthermen/die-kaiserthermen.html

Amphitheater in Trier ❷

Erbaut wurde das Amphitheater zum Ende des 2. Jahrhunderts als Unterhaltungsstätte für die Bevölkerung, wo unter anderem Gladiatorenkämpfe stattfanden. Man kann das ganze Amphitheater mit der Arena sowie den unterirdischen Gewölben mit Steinkammern und einer Art Aufzug besichtigen.

Hunde sind an der Leine erlaubt.

- Öffnungszeiten: 9 – 16 Uhr/17 Uhr/18 Uhr, je nach Monat unterschiedlich, siehe Internetseite
- Adresse: Olewiger Straße, 54295 Trier
- Internet: http://www.zentrum-der-antike.de/monumente/amphitheater/das-amphitheater.html

Volkskunde- und Freilichtmuseum Roscheider Hof in Konz 3

Foto 41 - Volkskunde- und Freilichtmuseum Roscheider Hof

Das Museum liegt in Konz an Saar und Mosel und bietet einzigartige Einblicke in das Alltagsleben im ländlichen Raum in früheren Zeiten. Auf dem ca.22 ha großen Freigelände wurden viele Häuser und Gehöfte aus dem 19. und frühen 20. Jahrhundert originalgetreu wieder aufgebaut. Man findet dort ein Hunsrückdorf, ein im Aufbau befindliches Moseldorf, Kräutergarten, Rosengarten und Streuobstwiesen mit regionalen Obstsorten sowie kleine Museumsfelder.

Hunde sind an der Leine im Freigelände erlaubt, in den Gebäuden nicht.

- Öffnungszeiten: Dienstag - Freitag: 9-18 Uhr, Samstag, Sonntag, Feiertag: 10-18 Uhr, im Winter teilweise geschlossen

- Adresse: Roscheiderhof 1, 54329 Konz
- Internet: http://www.roscheiderhof.de

Flugausstellung in Hermeskeil 4

Auf dem parkähnlichen Freigelände von rund 76.000 m² und in vier großen Ausstellungshallen können über 100 originale Flugzeuge vom Lilientalgleiter über die Ju 52 bis zum Düsenjäger besichtigt werden. Außerdem gibt es über 60 Flugmotoren und umfangreiche Details und Informationen aus allen Epochen der Luftfahrtsgeschichte zu sehen. Hermeskeil liegt im Naturpark Saar-Hunsrück.

Hunde sind an der Leine erlaubt.

- Öffnungszeiten: ca. 01. April – 1. November, täglich von 10.00 – 17.00 Uhr
- Adresse: Flugausstellung Peter Junior, Habersberg 1, Hunsrückhoehenstraße (B327), 54411 Hermeskeil II
- Internet: http://www.flugausstellung.de

Festung Ehrenbreitstein 5

Foto 42 - Festung Ehrenbreitstein

Die weitläufige Befestigungsanlage liegt auf einem 118m hohen Bergsporn über dem Zusammenfluss von Rhein und Mosel mit einem wunderschönen Panoramablick auf Koblenz und Deutsches Eck. Auf der historischen Festung kann man wehrhafte sowie repräsentative Bauten besichtigen und in dem großzügigen Landschaftspark spazieren gehen.
Eine Anreise zur Festung hinauf ist auch per Seilbahn von Koblenz aus über den Rhein möglich, Hunde müssen darin allerdings einen Maulkorb tragen.

Hunde sind an der Leine innerhalb der Festung erlaubt, in die Ausstellungsräume dürfen sie nicht.

- Öffnungszeiten: April – Oktober: 10:00 – 18:00 Uhr
  18:00 – 24:00 Uhr i.d.R. freier Zutritt zu Gelände und Gastronomie

November – März: 10:00 – 17:00 Uhr
17:00 – 24:00 Uhr i.d.R. freier Zutritt zu Gelände und Gastronomie
- Adresse: Greiffenklaustraße, 56077 Koblenz
- Internet: http://www.diefestungehrenbreitstein.de

Reichsburg Cochem 6

Die prächtige Höhenburg erhebt sich auf einem Felsen mehr als 100 m über der Mosel und ist weithin sichtbar. Die Burg wurde wahrscheinlich um 1100 errichtet und nach ihrer Zerstörung in der 2.Hälfte des 19.Jahrhunderts im Stil der Spätgotik wiederaufgebaut. Zu sehen sind unter anderem ein Achteckturm, ein Hexenturm, Tor, Ringmauer und ein Burgmannenhaus. In der Burg befindet sich ein Museum mit Rittersaal, Speisesaal und Kemenate mit ihren historischen Inneneinrichtungen, die im Rahmen einer 40minütigen Führung besichtigt werden können. Die Burg ist über einen steilen Weg zu Fuß erreichbar oder mit dem Shuttlebus.

Hunde sind an der Leine erlaubt und dürfen bei der Burgführung dabei sein.

- Öffnungszeiten: ca. März bis Oktober, täglich von 09.00 – 17.00 Uhr, im Winter kürzere Öffnungszeiten, siehe Internetseite
- Adresse: Schloßstraße 36, 56812 Cochem
- Internet: http://www.burg-cochem.de

Burgruine Metternich 7

Foto 43 - Burgruine Metternich

Die Burgruine aus dem 12.Jahrhundert liegt hoch über dem hübschen Ort Beilstein auf einem nach 3 Seiten steil abfallenden Bergsporn. Zu sehen sind Reste des Palas, der drei Burgtore, eine Bastion und der Bergfried. Es gibt ein Café mit einer Panoramaterrasse. Von der Burgruine aus kann man einen grandiosen Ausblick über das Moseltal mit seinen Weinbergen genießen. Der Parkplatz befindet sich am Ufer der Mosel, die Ruine Metternich kann man nur zu Fuß erreichen.

Hunde sind an der Leine erlaubt.

- Öffnungszeiten: täglich von 9 – 18 Uhr
- Adresse: Burg Metternich, 56814 Beilstein
- Internet: http://www.burg-metternich.de/

Ruine der Grevenburg 8

Foto 44 - Grevenburg

Die Ruine einer Höhenburg befindet sich oberhalb von Traben-Trarbach und entstand ca. 1350. Von der größten noch vorhandenen Ruine, der Außenwand des Kommandantenhauses, hat man einen wunderschönen Blick über die Mosel. Außerdem stehen noch einige Grundmauern und die Reste eines Rundturms. Zwischen den Ruinen liegt eine lauschige Burgschenke, wo es kleine Gerichte und Getränke gibt.
Der Parkplatz befindet sich gleich an der Burg. Es besteht auch die Möglichkeit, in ca. 30 Minuten von Traben-Trarbach aus über einen steilen Wanderweg hinauf zur Burg zu wandern.

Hunde sind an der Leine erlaubt.

- Öffnungszeiten: frei zugänglich

Adresse: Brückenstraße 42, 56841 Traben-Trarbach
Internet: https://de.wikipedia.org/wiki/Grevenburg

Marienburg 9

Foto 45 - Marienburg

Das ehemalige Augustinnerinnenkloster bei Pünderich befindet sich hoch oben auf einem Bergrücken oberhalb der engsten Stelle der Moselschleife des Zeller Hamm, die sich dort auf weniger als 300 m verengt. Auf dem Gelände befindet sich ein Jugendgästehaus. Von der Marienburg aus hat man einen fantastischen Ausblick über die 14 km lange Moselschleife des Zeller Hamm, die Weinberge, die umliegenden Orte wie Alf, Bullay oder Zell und die regelmäßig verkehrenden Ausflugsschiffe.

Der Parkplatz befindet sich ein Stück entfernt unterhalb der Burg, von dem aus eine asphaltierte Straße zum Burgtor führt. Rund um die Marienburg gibt es viele Wege durch die Weinberge bis hinunter zur Mosel.

Hunde sind an der Leine erlaubt.

Öffnungszeiten: tagsüber frei zugänglich
Adresse: Marienburg, B421, 56856 Zell
Internet: https://de.wikipedia.org/wiki/Marienburg_(Mosel)

Klosterruine Stuben 10

Ruine eines ehemaligen Augustiner-Chorfrauen-Stifts aus dem 12.Jahrhundert, die isoliert in einer weiten Moselschleife mitten in den Weinbergen bei Neef liegt. Von dem ehemaligen Kloster sind nur noch die Außenmauern übrig, die mit einem Zaun geschützt werden, so dass man nur von außen einen Blick hineinwerfen kann. Das ehemalige Kirchenschiff wird ab und zu für Veranstaltungen genutzt. Direkt gegenüber der Ruine erhebt sich auf der anderen Uferseite der Mosel der Bremmer Berg Calmont, der steilste Weinberg Europas. Die Umgebung ist wunderschön und man kann fußläufig von Neef aus ca. 3 km an der Mosel entlang bis zur Klosterruine laufen.

Hunde sind an der Leine erlaubt.

- Öffnungszeiten: frei zugänglich
- Anfahrt: von der Moseluferstraße, 56858 Neef der Beschilderung zum Kloster Stuben folgen oder zu Fuß hinlaufen
- Internet: https://de.wikipedia.org/wiki/Kloster_Stuben

Moselschifffahrten

Überall auf der Mosel sind von kurzen Rundfahrten bis hin zu Tagesfahrten mit Zwischenaufenthalten viele Touren möglich. Von den meisten Moselorten aus kann man zu einer Schiffstour starten und die wunderschöne Region mit ihren Weinbergen und hübschen Winzerorten vom Wasser aus bewundern.

Hunde sind an der Leine erlaubt.

- Fahrtzeiten: ca. von Ostern bis Ende Oktober, siehe Internetseite
- Abfahrtsort: viele Orte zwischen Trier und Koblenz
- Internet: http://www.moselrundfahrten.de

Foto 46 - Blick auf Mosel von Burg Metternich

Eifel

Schifffahrt auf dem Rursee 1

Vom Anleger an der Rurtalsperre Schwammenauel kann man eine schöne Rundfahrt über den Rursee unternehmen. Die Fahrt über den Stausee mit Blick auf die wunderbare Landschaft, vorbei an der Insel Eichert bis nach Rurberg dauert ca. 45 Minuten (gesamte Rundfahrt ca. 1h45min). Zwischenhalte sind in Eschauel, Kermeterufer, Woffelsbach und Rurberg möglich.

Hunde sind an der Leine erlaubt.

- Fahrtzeiten: ca. April bis Oktober, siehe Internetseite
- Adresse: Anleger Staudamm: Schwammenauel 1, 52396 Heimbach
- Internet: http://www.rurseeschifffahrt.de

Nürburg 2

Die mächtige Nürburg befindet sich auf dem 678 m hohen Berg Nore, einem ehemaligen Vulkan. Es ist die höchstgelegene Burg in Rheinland-Pfalz. Erhalten sind noch Reste der Ringmauer, der Bergfried, Grundmauern einer Kapelle, der Toranlagen sowie von Wohn- und Wirtschaftsgebäuden. Vom Bergfried aus hat man einen wunderbaren Rundblick über den Vulkanpark Eifel und die „grüne Hölle“ des Nürburgrings. Der Parkplatz befindet sich am Fuße des Burgbergs, in ca. 10 Minuten gelangt man über einen steilen Fußweg hinauf zur Burg.

Hunde sind an der Leine erlaubt.

- Öffnungszeiten: 1.April – 30.September: 9 – 18 Uhr
  1.Oktober – 31.März: 9 – 17 Uhr
  Im Dezember und am ersten Werktag der Woche geschlossen.
- Adresse: 53520 Nürburg
- Internet: http://www.nuerburg.de/ueber-nuerburg/dieburg

Foto 47 - Nürburg

Burg Satzvey 3

Die Burg Satzvey ist eine mittelalterliche Wasserburg, erbaut ca. im 12.Jahrhundert. Das Burghaus mit dem doppeltürmigen Torhaus beeindruckt schon von weitem. Auf der Burg finden häufig Veranstaltungen statt. Am besten informiert man sich vorher auf der Internetseite, um Stress durch große Menschenmengen zu vermeiden. Auf dem Burggelände befinden sich auch verschiedene Restaurants und kleine Geschäfte.

Hunde sind an der Leine erlaubt.

- Öffnungszeiten: Die Höfe der Burg sind ganzjährig frei zugänglich.
- Adresse: An der Burg 3, 53894 Mechernich
- Internet: http://www.burgsatzvey.de/

Freilichtmuseum Kommern 4

Auf dem 95 Hektar großen Gelände können ca. 67 historische Häuser aus dem Gebiet der ehemaligen preußischen Rheinprovinz angesehen werden. Zu den Gebäuden gehören unter anderem Bauernhöfe, Windmühlen, Schulhaus und Kapelle. Auch Bauerngärten und Obstwiesen sowie Tiere historischer Rassen befinden sich in dem Freilichtmuseum, welches umfassend das frühere Leben der Menschen in der Region zeigt.

Hunde sind an der kurzen Leine im Außenbereich erlaubt, in den Häusern und Ausstellungshallen nicht.

- Öffnungszeiten: Sommer: 19. März bis 31. Oktober: 9 - 19 Uhr
  Winter: 1. November bis 18. März: 10 - 17 Uhr
- Adresse: Eickser Str., 53894 Mechernich
- Internet: http://www.kommern.lvr.de

Kakushöhle 5

Foto 48 - Kakushöhle

Das Gelände mit seinen Kalksteinformationen und Höhlen kann auf mehreren Wegen erkundet werden. Die Kakushöhle ist eine der größten begehbaren Höhlen in der Eifel. Viele kleine Höhlen und Felsspalten beherbergen im Winter zum Teil geschützte Fledermäuse auf die besondere Rücksicht genommen werden sollte.

Hunde sind an der Leine erlaubt.

- Öffnungszeiten: Ganzjährig frei zugänglich
- Adresse:Kakusstraße 0, 53894 Mechernich-Dreimühlen
- Internet: http://www.kakushoehle.de/

Manderscheider Burgen 6

Die Oberburg entstand ca. im 10.Jahrhundert und befindet sich auf einem Berg oberhalb des Tals der Lieser. Erkennbar sind noch die Außenmauern und der gut erhaltene Bergfried, von dem aus man eine tolle Aussicht auf die Niederburg, Manderscheid sowie das Liesertal hat.
Die Niederburg liegt etwas unterhalb der Oberburg in einer Flussschleife der Lieser auf einem nach drei Seiten stark abfallenden Felsen. In der eindrucksvollen Burgruine sind unter anderem der große Rundturm, Reste des Torbereichs, die verschiedenen Terrassen der Burg mit ihren Burghöfen, Zwinger und Reste der Burgkapelle erhalten.

- Öffnungszeiten: Oberburg: frei zugänglich
  Niederburg: ca. Mitte März bis Ende Oktober täglich außer Dienstag sowie um Weihnachten, siehe Internetseite
- Adresse: Niedermanderscheider Str. 2, 54531 Manderscheid
- Internet: http://www.niederburg-manderscheid.de/

Foto 49 – Oberburg der Manderscheider Burgen

Birresborner Eishöhlen 7

Die Eishöhlen liegen ca. 1,5km vom Ortskern von Birresborn entfernt. Sie sind durch den Abbau von Mühlsteinen entstanden, die damals aus den

Eifelbasaltschlacken geschlagen wurden. Die Temperatur in den Höhlen liegt konstant zwischen -1 °C und +6 °C, eine Taschenlampe ist sinnvoll. Zum Schutz der Fledermäuse werden zwei der drei Höhlen in den Wintermonaten durch Gitter verschlossen.

Hunde sind an der Leine erlaubt.

- Öffnungszeiten: im Sommer frei zugänglich
- Adresse: 54574 Birresborn, Straße „Im Steinreich" folgen bis zum Parkplatz am Waldesrand
- Internet: http://www.birresborn.de

Foto 50 - Birresborner Eishöhlen

Skulpturenpark Kruft in Prüm (8)

In dem Park von ca. 20.000 qm mit vielen Teichen können etliche handgefertigte Tiere wie lebensgroße Fischreiher und Eulen, überdimensional große Insekten wie Bienen und Libellen sowie viele schöne Kupferbrunnen bewundert werden. Die Arbeiten sind von dem Metallbildhauer Hubert Kruft überwiegend in Kupfer getrieben. Die Skulpturen können teilweise auch erworben werden.

Hunde sind an der Leine erlaubt.

- Öffnungszeiten: täglich von 10.00 - 17.00 Uhr
- Adresse: St.-Vither-Str. 62, 54595 Niederprüm / Eifel
- Internet: http://www.skulpturenpark-kruft.de

Burg Eltz 9

Die märchenhafte Höhenburg wurde im 12.Jahrhundert erbaut und ist noch vollständig erhalten, da sie niemals erobert werden konnte. Die sehr schöne Burg mit ihren bis zu 35m hohen Wohntürmen, Erkern und Fachwerken liegt mitten in einem herrlichen Wandergebiet am Traumpfad Eltzer Burgpanorama. Unterhalb der Burg befindet sich ein schöner Rastplatz am Eltzbach.

Vom Parkplatz aus geht es zu Fuß ca. 1,3 km bis zur Burg, ein Pendelbus wird auch angeboten.

Hunde sind an der Leine auf dem Burggelände, im Innenhof und im Außenbereich der Gastronomie erlaubt. In den Innenräumen nicht.

- Öffnungszeiten: 1.April bis 1.November
- Adresse: Burg-Eltz-Straße 1, 56294 Wierschem
- Internet: http://burg-eltz.de

Landschaftsdenkmäler des Vulkanparks 10

Foto 51 - Im Vulkanpark

Im Vulkanpark im Landkreis Mayen-Koblenz können einige offen zugängliche Natur-und Industriedenkmäler wie erloschene Vulkane und frühere Abbaugebiete besichtigt werden. Es gibt vier verschiedene Routen, die zum Beispiel in den Rauscherpark, das Krufter Bachtal, zum Mayener Grubenfeld oder zum Steinbruchrevier der Ettringer Lay führen. Auf Schautafeln kann man sich vor Ort über die verschiedenen Denkmäler informieren.

- Öffnungszeiten: frei zugänglich

- Adresse: Startpunkt der jeweiligen Route, siehe Internetseite
- Internet: http://www.vulkanpark.com/vulkanpark-stationen/

Brohltalbahn Vulkan-Express 11

Auf 18km Länge fährt die Brohltalbahn zwischen Rhein und Eifel und hält an 9 Bahnhöfen, die man als Ausgangspunkte für Wanderungen zum Beispiel zum Laacher See nutzen kann.

Hunde sind an der Leine erlaubt und werden in den Zügen kostenlos befördert.

- Fahrplan: siehe Internetseite
- Adresse: Koblenzer Straße 37, 56656 Brohl-Lützing (weitere 8 Bahnhöfe zwischen Brohl und Engeln möglich)
- Internet: http://www.vulkan-express.de

An folgenden Ausflugszielen sind Hunde verboten (Auswahl):

- Geysir Andernach, auch nicht auf dem Schiff
- Römerbergwerk Meurin
- Lava-Dome und Lavakeller
- Terra Vulcania

Foto 52 - In der Eifel (Gemündener Maar)

Region Leipzig

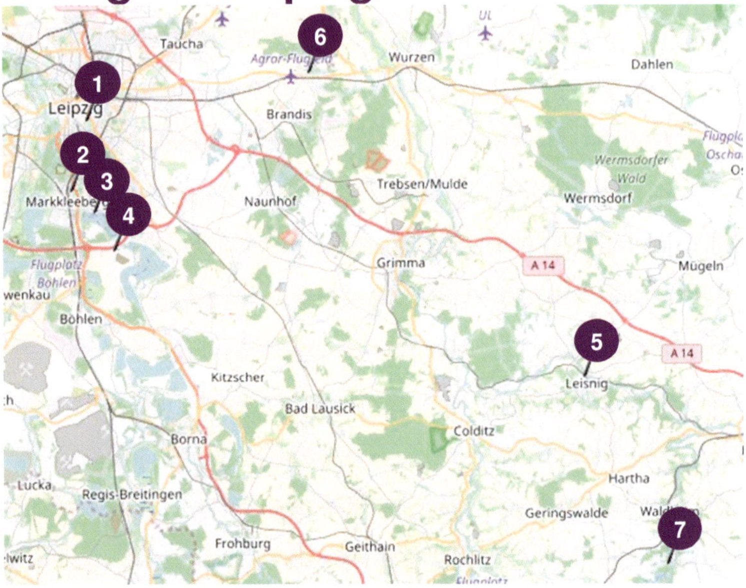

Botanischer Garten Leipzig ❶

Auf einer Fläche von 3,5 ha werden über 10.000 verschiedene Pflanzen der gesamten Erde gezeigt, zum Beispiel aus den Steppen Eurasiens, den Wäldern Ostasiens, Nordamerikas, des südlichen Südamerikas und Europas. Das Freigelände im Friedenspark kann man auf verschiedenen Wegen entdecken und sich anhand der Pflanzenbeschreibungen informieren. Außerdem gibt es einen Apothekergarten sowie einen Duft und Tastgarten (März bis Oktober).

Hunde sind im Freigelände an der Leine erlaubt, in den Gewächshäusern nicht.

- Öffnungszeiten Freigelände: täglich geöffnet, siehe Internetseite
- Adresse: Linnéstraße 1, 04103 Leipzig
- Internet: https://www.bota.uni-leipzig.de

Deutsches Fotomuseum Markkleeberg ❷

Das Museum befindet sich in unmittelbarer Nähe von Leipzig im agra-Park. In der Dauerausstellung kann man mehr als 2.000 Exponate rund um die Geschichte der Fotografie und der Fototechnik besichtigen: viele Fotografien aus dem 19. und 20.Jahrhundert sowie historische Ausstellungsstücke wie die Ausrüstung eines Reisefotografen, ein Fotoatelier von 1900, eine historische Dunkelkammer oder alte Detektivkameras. Im umgebenden agra-Park sind auch schöne Spaziergänge möglich.

Hunde sind an der Leine erlaubt und haben freien Eintritt.

- Öffnungszeiten: Dienstag bis Sonntag: 13 – 18 Uhr
- Adresse: Raschwitzer Str. 11b, 04416 Markkleeberg
- Internet: www.fotomuseum.eu

Foto 53 - Deutsches Fotomuseum

Schifffahrt im Leipziger Neuseenland 3

In der heutigen Erholungslandschaft mit mehreren gefluteten Tagebaurestlöchern kann man zum Beispiel eine einstündige Rundfahrt mit der MS Markkleeberg über den Markkleeberger See bis zur Auenhainer Bucht und zurück unternehmen.
Die MS Wachau fährt in ca. 3 Stunden von der Seepromenade des Markkleeberger Sees durch den Kanal mit Schleusung bis zum Störmthaler See und zurück. Zu- oder aussteigen kann man an 8 verschiedenen Anlegestellen. Beide Schiffe sind barrierefrei. Am Auenhainer Strand gibt es auch einen Hundestrand (nasse Hunde sind an Bord aber nicht erlaubt).

Hunde sind an der Leine erlaubt.

- Fahrplan: ca. April bis Oktober, siehe Internetseite
- Adresse: Seeblick 10, 04416 Markkleeberg

Internet: http://www.personenschifffahrt-leipzig.de

Foto 54 – Störmthaler See

Bergbau-Technik-Park in Großpösna 4

In der Freilichtausstellung wird auf ca. 5,4 ha tagebautypischen Geländes der komplette Förderzyklus eines Tagebaubetriebes dargestellt. Die Informationen erstrecken sich vom anfänglichen Rückbau der kultivierten Landschaft, über die Kohlegewinnung bis hin zur Sanierung der Landschaftsräume. Es können zwei Großgeräte aus dem ehemaligen Großtagebau Espenhain besichtigt werden: der Schaufelradbagger 1547 und das Bandabwurfgerät 1115 sowie verschiedene Schienen- und Entwässerungsgeräte. Ebenfalls wird an den mit dem Tagebaubetrieb verbundenen Heimatverlust und Verschwinden ganzer Dörfer erinnert.

Hunde sind an der Leine erlaubt.

- Öffnungszeiten: Mitte März bis Mitte November, siehe Internetseite
- Adresse: Am Westufer 2, 04463 Großpösna
- Internet: http://www.bergbau-technik-park.de

Burg Mildenstein 5

Die beeindruckende Höhenburg entstand ca. im 10.Jahrhundert und liegt oberhalb der Mulde auf einem Porphyrfelsen. Erhalten sind unter anderem der Bergfried, das Vorderschloss, das Burgtor, die Kapelle, Herrenhaus und Teile der Wehrmauer. Vom Bergfried aus hat man einen herrlichen Rundblick über Leisnig und das Muldental. Im Museum wird über die fast tausendjährige Geschichte der Burg Mildenstein informiert.

Hunde sind auf dem Burggelände an der Leine erlaubt, im Museum nicht.

- Öffnungszeiten: März bis November, siehe Internetseite
- Adresse: Burglehn 6, 04703 Leisnig
- Internet: https://www.burg-mildenstein.de

Schloss- und Landschaftsgarten Machern 6

Foto 55 - Schloss- und Landschaftsgarten Machern

Der 34 ha große Landschaftsgarten befindet sich ca. 15 km östlich von Leipzig direkt am Schloss Machern. Er entstand Ende des 18.Jahrhunderts im englischen Stil. Neben dem Schwemmteich findet man im Park unter anderem einen Tempel, eine Pyramide und eine Ritterburg mit unterirdischem Gang. Zu jeder Jahreszeit ist der Schlosspark einen Besuch wert.

Hunde sind an der Leine erlaubt.

- Öffnungszeiten: frei zugänglich
- Adresse: Schlossplatz 1,04827 Machern
- Internet: http://www.gemeindemachern.de/landschaftsgarten-zu-machern

Burg Kriebstein 7

Die mittelalterliche Burg befindet sich auf einem steilen Felsen oberhalb der Zschopau und gilt als schönste Ritterburg Sachsens. Zu sehen sind in dem geschlossenen und vollständig erhaltenen Gebäudekomplex der imposante Wohnturm, Wirtschaftsgebäude, die Ringmauer mit überdachtem Wehrgang, Burgkapelle, Kellergewölbe und die Burghöfe. Im Museum können viele interessante Räume besichtigt werden. Eine Burgschänke ist ebenfalls vorhanden.

Hunde sind an der Leine erlaubt.

- Öffnungszeiten: Februar bis November, siehe Internetseite
- Adresse: Kriebsteiner Straße 7, 09648 Kriebstein
- Internet: http://www.burg-kriebstein.eu

ⓘ An folgenden Ausflugszielen sind Hunde verboten (Auswahl):

- Zoo Leipzig
- Völkerschlachtdenkmal (Außenbereich mit Grünanlagen aber frei zugänglich)

Foto 56 - Alfa an der Elster

Sächsische Schweiz

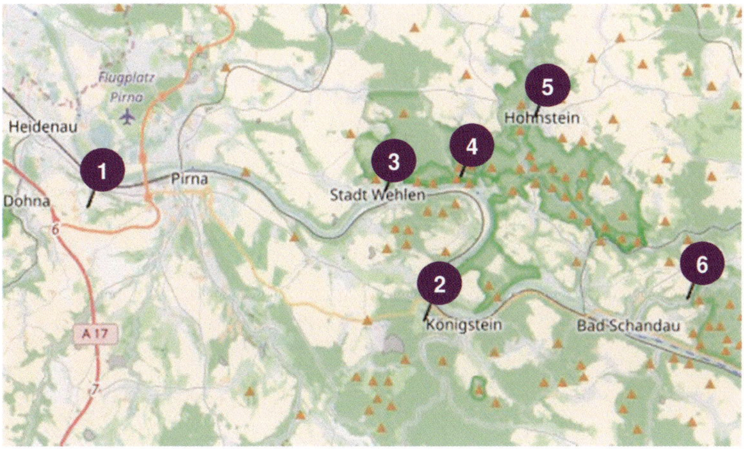

Barockgarten Großsedlitz 1

Der Barockgarten entstand 1732 im Stil des französischen Barock und die Struktur ist bis heute erhalten geblieben. Aufgrund der leichten Hanglage wurde der 18 ha große Barockpark terrassenförmig mit Freitreppen und Kaskaden angelegt. Das Friedrichschlösschen sowie die Obere und Untere Orangerie sind im Barockstil erhalten. Im Park findet man zahlreiche Sandsteinskulpturen, Orangenbäumchen und Wasserspiele.

Hunde sind an der kurzen Leine erlaubt.

- Öffnungszeiten: April bis Oktober: täglich: 10:00 - 18:00 Uhr
- Adresse: Am Hasensprung, 01809 Heidenau
- Internet: http://www.barockgarten-grosssedlitz.de

Festung Königstein 2

Die imposante Bergfestung liegt oberhalb des Ortes Königstein am linken Ufer der Elbe und ist mit einer Grundfläche von 9,5 ha eine der größten Festungsanlagen Europas. Auf dem Gelände befinden sich mehr als 50 ober- und unterirdische militärische und zivile Bauten sowie Grünanlagen. Der ca. 2 km lange Rundgang entlang der Ringmauer bietet einen herrlichen Ausblick auf die Sächsische Schweiz. Mit einem Audioguide erhält man viele Informationen in den Festungsalltag von früher.

Hunde sind auf der Festung im Freien an der Leine erlaubt, in den Gebäuden und Ausstellungen nicht.

- Öffnungszeiten: April – Oktober: 9 - 18 Uhr, November – März: 9 - 17 Uhr
- Adresse: Festung 1, 01824 Königstein
- Internet: http://www.festung-koenigstein.de

Foto 57 - Festung Königstein

Burgruine Wehlen 3

Die Höhenburg entstand um 1200. Erhalten sind noch die Grundmauern eines Turmes, ein Keller sowie ein Rundbau, vermutlich eine Bastion, die „Trommel" genannt wird. Sie liegt 25 Meter über der Elbe und man hat einnen schönen Ausblick über Wehlen und den Fluss.

Hunde sind an der Leine erlaubt.

- Öffnungszeiten: frei zugänglich
- Adresse: Schlossberg, 01829 Wehlen
- Internet: https://de.wikipedia.org/wiki/Burg_Wehlen

Basteibrücke 4

Die Bastei ist eine Felsformation, durch die sich eine 76,5m lange Brücke zieht, welche bereits 1851 erbaut wurde. Von der Brücke kann man immer wieder wundervolle Aussichten hinab ins Elbtal und über das Elbsandsteingebirge genießen. Die Brücke führt über die Felsen auch hinüber zur Felsenburg Neurathen. Da die Basteibrücke sehr viele Touristen anzieht, ist vor allem ein Besuch in den Morgen- oder Abendstunden empfehlenswert.

Hunde sind an der Leine erlaubt.

- Öffnungszeiten: ganzjährig frei zugänglich
- Adresse: 01847 Lohmen (Ausschilderung zu den Parkplätzen folgen)
- Internet: http://www.saechsische-schweiz.de/region/highlights/bastei.html

Foto 58 - Basteibrücke

Burg Hohnstein 5

Die Burg entstand um 1200 und befindet sich auf 140 m Höhe auf einem Sandsteinfelsen. Durch das Tor am Marktplatz geht es hinein in das Burggelände. Von den Festungsmauern bietet sich ein herrlicher Blick hinab in den Grund des Polenztals und auf die Stadt Hohnstein. Es gibt unter anderem einen Turm, Kerker, einen Burggarten mit Freilichtbühne sowie ein Burgcafé zu entdecken. Auch ein Jugendgästehaus sowie weitere Übernachtungsmöglichkeiten sind auf dem Gelände zu finden.

Hunde sind an der Leine erlaubt.

- Öffnungszeiten: täglich geöffnet
- Adresse: Markt 1, 01848 Hohnstein
- Internet: https://www.burg-hohnstein.info

Kirnitzschtalbahn 6

Schon seit 1898 fährt die meterspurige Straßenbahn die ca. 8 km von Bad Schandau bis zum Lichtenhainer Wasserfall entlang der Kirnitzsch. Von allen Stationen aus kann man zu schönen Wanderungen starten.

Hunde sind an der Leine erlaubt und kosten ca. 2,50 EUR.

- Fahrplan: siehe Internetseite
- Adresse: jeweiliger Bahnhof
- Internet: http://www.ovps.de/Verkehrsmittel/Kirnitzschtalbahn/443/

Schifffahrt auf der Elbe

Fahrt mit dem Raddampfer auf der Elbe. Es gibt viele Anlegestellen im Elbsandsteingebirge zwischen Pirna und Bad Schandau. Auch Fahrten nach Dresden, Radebeul und Meißen sind möglich.

Hunde sind an der kurzen Leine erlaubt und kostenfrei.

- Fahrplan: siehe Internetseite
- Adresse: jeweiliger Schiffsanleger
- Internet: https://www.saechsische-dampfschiffahrt.de

Foto 59 - Blick auf Elbe

Internetseite

Auf meiner Internetseite finde Sie viele **persönliche Erfahrungsberichte** rund um den Urlaub mit Hund:

- unsere Reisen durch Deutschland und die angrenzenden Länder
- erprobte Ausflüge und Wanderungen
- hundefreundliche Unterkünfte
- Ausstattungstipps
- Bahnreisen mit Hund
- Tipps für Silvester ohne Böller
- und vieles mehr

http://www.urlaubstipps-mit-hund.de

Anhang

Bildnachweis

Fotos

Nachfolgend genannte Bilder unterliegen der CC BY-SA 2.5 Lizenz und werden ebenso unter dieser Lizenz erneut bereitgestellt. https://creativecommons.org/licenses/by-sa/2.5/

Foto 39 Arber-Gondelbahn.jpg (Ausschnitt) von Konrad Lackerbeck unter https://commons.wikimedia.org/wiki/File:Arber-Gondelbahn.jpg

Nachfolgend genannte Bilder unterliegen der CC BY-SA 3.0 Lizenz und werden ebenso unter dieser Lizenz erneut bereitgestellt. https://creativecommons.org/licenses/by-sa/3.0/

Foto 7 Schweriner_Schloss._2011.JPG von Ввласенко unter https://commons.wikimedia.org/wiki/File:Schweriner_Schloss._2011.JPG

Foto 11 (CC BY 3.0) Barghaus_Spinnkopfmühle1.jpg von Agnete unter https://commons.wikimedia.org/wiki/File:Barghaus_Spinnkopfmühle1.jpg

Foto 12 Arboretum Ellerhoop - Gelber Garten.jpg von Hans-Dieter Warda unter https://commons.wikimedia.org/wiki/File:Arboretum_Ellerhoop_-_Gelber_Garten.jpg

Foto 13 2012-08-12 Heligoland Ausflug, a Ankunft 008.JPG von Sozialutopist unter https://commons.wikimedia.org/wiki/File:2012-08-12_Heligoland_Ausflug,_a_Ankunft_008.JPG

Foto 14 Friedrichstadt Pfad.jpg von User ES01 unter https://commons.wikimedia.org/wiki/File:Friedrichstadt_Pfad.jpg?uselang=de

Foto 15 Beltringharder Koog 0067.JPG von Arne List unter https://commons.wikimedia.org/wiki/File:Beltringharder_Koog_0067.JPG

Foto 16 Luftbild Norden Insel Amrum Norddorf NSG Odde Ansicht von West Nordsee-Insel Kreis Nordfriesland Foto Wolfgang Pehlemann IMG 1134.jpg von Wolfgang Pehlemann unter https://commons.wikimedia.org/wiki/File:Luftbild_Norden_Insel_Amrum_Norddorf_NSG_Odde_Ansicht_von_West_Nordsee-Insel_Kreis_Nordfriesland_Foto_Wolfgang_Pehlemann_IMG_1134.jpg

Foto 17 ZwischenahnerMeer.jpg von SebMe unter https://commons.wikimedia.org/wiki/File:ZwischenahnerMeer.jpg

Foto 18 Langeoog, Kaapdünen.jpg (Ausschnitt) von Oefe unter https://commons.wikimedia.org/wiki/File:Langeoog,_Kaapdünen.jpg

Foto 19 Torf- und Siedlungsmuseum Wiesmoor.jpg (Ausschnitt) von Simplicius unter https://commons.wikimedia.org/wiki/File:Torf-_und_Siedlungsmuseum_Wiesmoor.jpg

Foto 22 Europa-Rosarium-Alpinum-Blick.jpg von Frühstückbeistefanie unter https://commons.wikimedia.org/wiki/File:Europa-Rosarium-Alpinum-Blick.jpg

Foto 23 Bärenpark_Worbis_710301.jpg von Amrhingar unter https://commons.wikimedia.org/wiki/File:Bäenpark_Worbis_710301.jpg

Foto 25 Okertalsperre8.jpg von T.Schramm unter https://commons.wikimedia.org/wiki/File:Okertalsperre8.jpg

Foto 27 ALIM0099_Burgruine_Hohnstein,_Neustadt,_Reste_des_Burgtors.jpg (Ausschnitt) von Greedragon unter https://commons.wikimedia.org/wiki/File:ALIM0099_Burgruine_Hohnstein,_Neustadt,_Reste_des_Burgtors.jpg

Foto 28 Chinesischeshäuschen.jpg von Gunnar1M unter https://commons.wikimedia.org/wiki/File:Chinesischeshäuschen.jpg

Foto 31 Brandenburg_sued.JPG von Marcus Kirchner unter https://commons.wikimedia.org/wiki/File:R-Brandenburg_sued.JPG

Foto 36 Passau_Innpromenade.jpg von Aconcagua unter
https://commons.wikimedia.org/wiki/File:Passau_Innpromenade.jpg
Foto 37 Freilichtmuseum_Finsterau_Petzi-Hof_1.jpg von Aconcagua unter
https://commons.wikimedia.org/wiki/File:Freilichtmuseum_Finsterau_Petzi-Hof_1.jpg
Foto 42 Koblenz_im_Buga-Jahr_2011_-_Rheinseilbahn_05.jpg (Ausschnitt) von Holger Weinandt unter
https://de.wikipedia.org/wiki/Seilbahn_Koblenz#/media/File:Koblenz_im_Buga-Jahr_2011_-_Rheinseilbahn_05.jpg
Foto 47 Nürburg.JPG von Ignati unter https://commons.wikimedia.org/wiki/File:Nürburg.JPG
Foto 48 Mechernich_-_Kakushöhle2.jpg von Frank Vincentz unter
https://commons.wikimedia.org/wiki/File:Mechernich_-_Kakushöhle2.jpg
Foto 51 Rauscher_Park_in_Plaidt_-_II.jpg von Johannes Rummel unter
https://commons.wikimedia.org/wiki/File:Rauscher_Park_in_Plaidt_-_II.jpg
Foto 54 :Lagovida_Mole.jpg von Geisler Martin unter
https://commons.wikimedia.org/wiki/File:Lagovida_Mole.jpg

Nachfolgend genannte Bilder unterliegen der CC BY-SA 4.0 Lizenz und werden ebenso unter dieser Lizenz erneut bereitgestellt. https://creativecommons.org/licenses/by-sa/4.0/
Foto 5 HTM Peenemuende Aussengelaende.jpg von HTM Archiv unter
https://commons.wikimedia.org/wiki/File:HTM_Peenemuende_Aussengelaende.jpg
Foto 20 Rhododendronpark Hobbbie 01.jpg (Ausschnitt) von Rhododendronpark Hobbie unter https://commons.wikimedia.org/wiki/File:Rhododendronpark_Hobbbie_01.jpgFoto 26 :Regenstein03.jpg von JurecGermany unter
https://commons.wikimedia.org/wiki/File:Regenstein03.jpg
Foto 30 Bergbahn-Lichtenhain6.jpg von SchiDD unter
https://commons.wikimedia.org/wiki/File:Bergbahn-Lichtenhain6.jpg
Foto 55 (CC BY 4.0) Machern_Park_Blick_zum_Schloss_3.jpg von Andreas Praefcke unter
https://commons.wikimedia.org/wiki/File:Machern_Park_Blick_zum_Schloss_3.jpg
Foto 58 Basteibrücke_bei_Lohmen_am_Morgen.jpg von –WikiToast- unter
https://commons.wikimedia.org/wiki/File:Basteibrücke_bei_Lohmen_am_Morgen.jpg

Nachfolgend genannte Bilder sind Public Domain (CC0) oder Gemeinfrei:
Foto 3, Foto 4, Foto 6, Foto 8. Foto 9, Foto 21, Foto 24, Foto 29, Foto 35, Foto 38, Foto 41, Foto 57

Bei nachfolgend genannten Bildern liegt das Urheberrecht bei der Autorin des Buches:
Foto 1, Foto 2, Foto 10, Foto 32, Foto 33, Foto 34, Foto 40, Foto 43, Foto 44, Foto 45, Foto 46, Foto 49, Foto 50, Foto 52, Foto 53, Foto 56, Foto 59

Icons

- Information-Icon erstellt von Freepik auf www.flaticon.com
- Clock with white face-Icon erstellt von Google auf www.flaticon.com
- World wide web-Icon erstellt von Freepik auf www.flaticon.com
- Location cursor-Icon erstellt von Stephen Hutchings auf www.flaticon.com